航空服务管理专业教材
HANGKONG FUWU GUANLI
ZHUANYE JIAOCAI

Minyong Hangkong Anquan yu Caozuo

民用航空安全与操作

主　编◎刘海英　杨桂芹　许　赟

首都经济贸易大学出版社
Capital University of Economics and Business Press
·北　京·

图书在版编目（CIP）数据

民用航空安全与操作/刘海英等主编．--北京：首都经济贸易大学出版社，2018.9

ISBN 978-7-5638-2853-1

Ⅰ．①民…　Ⅱ．①刘…　Ⅲ．①民用航空—旅客运输—安全管理—中国　Ⅳ．①F562.6

中国版本图书馆CIP数据核字（2018）第199108号

民用航空安全与操作

主　编　刘海英　杨桂芹　许　赟

责任编辑　浩　南　赵　杰

封面设计　砚祥志远·激光照排 TEL：010-65976003

出版发行　首都经济贸易大学出版社

地　　址　北京市朝阳区红庙（邮编100026）

电　　话　（010）65976483　65065761　65071505（传真）

网　　址　http://www.sjmcb.com

E-mail　publish@cueb.edu.cn

经　　销　全国新华书店

照　　排　北京砚祥志远激光照排技术有限公司

印　　刷　唐山玺诚印务有限公司

开　　本　787毫米×1092毫米　1/16

字　　数　256千字

印　　张　9.75

版　　次　2018年9月第1版　2022年7月第3次印刷

书　　号　ISBN 978-7-5638-2853-1

定　　价　48.00元

编审委员会

编审指导委员会

前　言

改革开放以来，中国民用航空业发展飞速。随着民用航空现代化程度的提高，生产规模的增长，民用航空安全生产涉及的范围也越来越广。

航空安全作为民航事业永恒不变的主题，其内容涉及国际、国内民用航空安全的规定及其处置流程，是民用航空各大企事业单位工作的重点内容，也具有有效预防和减少事故发生的重要作用。新形势、新发展，航空安保人才的需求不断增长，中国民用航空教育事业迎来新挑战、新机遇。

本书共分为十个章节，编写依据中国民航《FAA121 部》和各航空公司《乘务员训练大纲》《客舱乘务员手册》《机上广播词》等，包括国际民用航空组织、民用航空安全管理体系、民用航空安全、中国民用航空规章对客舱乘务员的基本要求、客舱安全职责、客舱安全运行规则、客舱安全运行程序、客舱应急处置、客舱应急设备、机上急救等方面的内容。通过知识梳理、案例分析、实践操作、课后练习等环节，以图文并茂的形式展现书中内容，具有一定的前瞻性以及综合性。本书不仅适用于航空专业的学生学习，也是航空公司新乘务员养成培训的重要组成部分。

本书编写人员为具有多年飞行经验的行业专家及具有多年教学经验的高校骨干教师。他们为本教材的编写付出了辛勤的劳动，同时也丰富了自己的专业教学。

由于时间仓促，水平有限，书中疏漏、错误在所难免，恳请各位专家和广大同行批评指正。

目录
Contents

第一章　国际民用航空组织

教学目标

1. 了解国际民用航空组织的起源。
2. 了解国际民用航空组织的主要活动和国际民用航空组织大会的日常工作。
3. 了解国际航空运输协会的主要工作。
4. 掌握国际航空运输协会的代表机构定义。

第一节　国际民用航空组织

一、国际民用航空组织成立背景

国际民用航空组织（International Civil Aviation Organization，ICAO）前身为1919年根据《巴黎公约》成立的空中航行国际委员会。第二次世界大战对航空器技术发展起到了巨大的推动作用，促使世界上形成了一个包括客货运输在内的航线网络，但随之也引发了一系列急需国际社会协商解决的政治上和技术上的问题。因此，在美国政府的邀请下，52个国家于1944年11月1日至12月7日参加了在芝加哥召开的国际会议，签订了《国际民用航空公约》（通称《芝加哥公约》），按照公约规定成立了临时国际民用航空组织（PICAO）。

1947年4月4日，《芝加哥公约》正式生效，国际民用航空组织也正式成立，并于1947年5月6日召开了第一届大会。同年5月13日，国际民用航空组织正式成为联合国的一个专门机构。

1947年12月31日，空中航行国际委员会终止活动，并将其资产转移给国际民用航空组织。

2013年9月28日，在加拿大蒙特利尔召开的国际民用航空组织第38届大会上中国再次当选为一类理事国。

二、国际民用航空组织的主要活动

国际民用航空组织按照《芝加哥公约》的授权，发展国际航行的原则和技术，促进国际航空运输的规范和发展。近20年来，各种新技术飞速发展，全球经济也发生了巨大变化，对国际民用航空的航行和运输管理制度形成了前所未有的挑战。为加强工作效率和针对性，继续保持对国际民用航空的主导地位，国际民用航空组织制订了战略工作计划，重新确定了工作重点，并于1997年2月通过其理事会批准实施。

国际民用航空组织的主要活动可以归纳为以下几点。

（一）统一国际民用航空技术标准和国际航行法规（Constitutional Affairs）

（1）督促更多的国家加入关于不对民用航空器使用武力的《芝加哥公约》第3分条和在包用、租用和换用航空器时由该航空器登记国向使用国移交某些安全职责的第83分条（我国均已加入）。

（2）督促更多的国家加入《国际航班过境协定》（我国尚未加入）。

（3）起草关于统一承运人赔偿责任制度的《新华沙公约》。

（4）起草关于导航卫星服务的国际法律框架。

（二）协调世界各国国际航空运输的方针政策，推动多边航空协定的制定

《芝加哥公约》第54条规定，理事会必须要求、收集、审议和公布统计资料，各国有义务报送这些资料。这不仅对指导国际民用航空组织的审议工作是必要的，而且对协助各国民用航空当局根据现实情况制定民用航空政策也是必不可少的。这些统计资料主要包括：承运人运输量、分航段运输量、飞行始发地和目的地、承运人财务、机队和人员、机场业务和财务、航路设施业务和财务、各国注册的航空器、安全、通用航空以及飞行员执照等。

此外，国际民用航空组织的统计工作还包括经济预测和协助各国规划民用航空发展。

（三）研究与国际航空运输有关的国际航空公法和影响国际民用航空的私法中的问题

截至1981年，国际民用航空组织已制定了包括关于航空客货赔偿、防止危及航空器安全的非法行为、对地（水）面上第三者造成损害的赔偿、承认航空器所有权等13项公约或议定书。

（四）利用联合国开发计划署的技术援助资金，向发展中国家提供民用航空技术援助

20世纪90年代以前，联合国开发计划署援助资金中5%用于发展中国家的民用航空项目，委托给国际民用航空组织技术合作局实施。20世纪90年代以后，该署改变援助重点，基本不给民用航空项目拨款。鉴于不少发展中国家引进民用航空新技术主要依靠外来资金，国际民用航空组织强调必须继续维持其技术合作机制。关于资金的来源，一是靠发达国家捐款，二是靠受援助国自筹资金，委托给国际民用航空组织技术合作局实施。目前，不少发达国家认为国际民用航空组织技术合作机制效率低，还要从项目资金中提取13%的管理费，因此很少向其捐款，主要选择以双边的方式直接同受援国实施项目。

（五）航行（Air Navigation）

制订并更新关于航行的国际技术标准和建议措施是国际民用航空组织最主要的工作，《芝加哥公约》的 18 个附件中有 17 个都是涉及航行技术的。战略工作计划要求这一工作跟上国际民用航空的发展速度，并保持这些标准和建议措施的适用性。

规划各地区的国际航路网络，授权有关国家对国际航行提供助航设施和空中交通与气象服务，对各国在其本国领土之内的航行设施和服务提出建议，是国际民用航空组织“地区规划”（Regional Air Navigation Planning）的职责，由 7 个地区办事处负责运作。近年来，由于各国越来越追求自己在国际航行中的利益，冲突和纠纷日益增多，致使国际民用航空组织的统一航行规划难以得到完全实施。战略工作计划要求加强地区规划机制的有效性，更好地协调各国的不同要求。

（六）安全监察（Safety Oversight Programme）

近年来，全球民用航空重大事故率平均为 1.44 架次/百万架次，随着航空运输量的增长，如果这一比率降不下来，事故的绝对次数也将上升到不可接受的程度。国际民用航空组织从 20 世纪 90 年代初开始实施安全监察规划，主要内容为各国在自愿的基础上接受国际民用航空组织对其航空当局安全规章的完善程度以及航空公司的运行安全水平进行评估。这一规划已在第 32 届大会上发展成为强制性的“航空安全审计计划”（Safety Audit Program），要求所有的缔约国必须接受国际民用航空组织的安全评估。

安全问题不仅在航空器运行中存在，在航行领域的其他方面也存在，如空中交通管制和机场运行等。为涵盖安全监察规划所未涉及的方面，国际民用航空组织在近年还发起了“在航行域寻找安全缺陷计划”（Program for Identifying Safety Shortcomings in the Air Navigation Field）。

（七）制止非法干扰（Aviation Security）

制止非法干扰，即我国通称的安全保卫或空防安全。这项工作的重点为敦促各缔约国按照《芝加哥公约》附件 17“安全保卫”规定的标准和建议措施，特别加强机场的安全保卫工作，同时大力开展国际民用航空组织的安全保卫培训规划。

三、国际民用航空组织的宗旨和目的

国际民用航空组织的宗旨和目的在于发展国际航行的原则和技术，促进国际航空运输的规范和发展，以便实现下列各项目标：

（1）确保全世界国际民用航空安全、有秩序的发展。

（2）鼓励开发用于和平用途的航空器的设计和操作技术。

（3）鼓励发展国际民用航空应用的航路、机场和航行设施。

（4）满足世界人民对安全、正常、有效和经济的航空运输的需要。

（5）防止因不合理的竞争而造成经济上的浪费。

（6）保证缔约各国的权利充分受到尊重，每一个缔约国均有经营国际空运企业的公平的机会。

（7）避免缔约国之间的差别待遇。

（8）促进国际航行的飞行安全。

（9）普遍促进国际民用航空在各方面的发展。

以上九条共涉及国际航行和国际航空运输两个方面的问题。前者为技术问题，关注的是安全；后者为经济和法律问题，关注的是公平合理，尊重主权。两者的共同目的是保证国际民用航空安全、正常、有效和有序的发展。

四、中国加入国际民用航空组织的情况

我国是国际民用航空组织的创始成员国之一，于1944年11月9日签署了《芝加哥公约》，并于1946年2月20日交存了批准书，成为国际民用航空组织的创始成员国。1950年5月，我国政府致电联合国秘书长和国际民用航空组织，要求驱逐台湾当局的代表。1971年11月19日，国际民用航空组织第74届理事会通过决议，承认中华人民共和国政府的代表为中国驻国际民用航空组织的唯一合法代表。1974年2月15日，我国政府致函国际民用航空组织，承认《芝加哥公约》并从即日起恢复参加国际民用航空组织的活动，同时声明，1949年10月1日以后，台湾当局盗用中国政府名义在《芝加哥公约》的其他议定书上的签字和批准都是非法的和无效的。同时，对不定期飞行，我国声明需事先向我国政府申请，在得到答复接受后方能进入；对公约第18章“争端和违约”的执行，以不损害我国主权为原则。1974年9月24日至10月15日，中国代表团出席了国际民用航空组织第21届会议并当选为理事国。同年12月，中国政府派出了驻国际民用航空组织理事会的代表。在2004年9月举行的第35届国际民用航空组织大会上，我国积极竞选一类理事国。目前，中国在蒙特利尔设有中国驻国际民用航空组织理事会代表处。

第二节　国际航空运输协会

图1－1　国际航空运输协会标志

国际航空运输协会（International Air Transport Association，IATA）是一个由世界各国航空公司参加的大型国际组织，其前身是1919年在海牙成立并在第二次世界大战时解体的国际航空业务协会，总部设在加拿大的蒙特利尔，执行机构设在日内瓦。同监管航空安全和航行规则的国际民用航空组织相比，它更像是一个由承运人（航空公司）组成的国际协调组织，管理在民用航空运输中出现的诸如票价、危险品运输等问题。图1－1为国际

航空运输协会标志。

一、国际航空运输协会的发展历史

1919 年国际航空业务协会在海牙成立并在第二次世界大战时解体。1944 年 12 月，出席芝加哥国际民用航空会议的一些政府代表和顾问以及空运企业的代表聚会，商定成立了一个委员会为新的组织起草章程。1945 年 4 月 16 日，哈瓦那会议修改并通过了草案章程，国际航空运输协会诞生。同年 10 月，新组织正式成立，定名为国际航空运输协会，总部设在加拿大的蒙特利尔。第一届年会在加拿大蒙特利尔召开。协会在全世界近 100 个国家和地区设有办事处，280 家会员航空公司遍及全世界 180 多个国家和地区。凡国际民用航空组织成员国的任一经营定期航班的空运企业，经其政府许可都可成为该协会的会员。经营国际航班的航空运输企业为正式会员，只经营国内航班的航空运输企业为准会员。

二、国际航空运输协会的主要工作内容

根据 1978 年国际航空运输特别大会的决定，国际航空运输协会的活动主要分为两大类：行业协会活动和运价协调活动。1988 年又增加了行业服务活动。

国际航空运输协会通过召开运输会议确定运价，经有关国家批准后即可生效。第二次世界大战以后，确立了通过双边航空运输协定经营国际航空运输业务的框架。在此框架内，由哪一家航空公司经营哪一条航线以及运量的大小，由政府通过谈判确定，同时，在旅客票价和货物运费方面也采用一致的标准，而这个标准的运价规则是由国际航空运输协会制订的。如有争议，有关国家政府有最后决定的权力。

为便于工作，协会将全球划分为三个区域：一区——所有北美和南美大陆及与之毗连的岛屿，包括格陵兰岛、百慕大群岛、西印度群岛和加勒比海群岛、夏威夷群岛（包括中途岛和帕尔迈拉）等；二区——欧洲全部（包括俄罗斯联邦在欧洲的部分）和与之毗连的岛屿，包括冰岛、亚速尔群岛、非洲全部和与之毗连的岛屿、阿森松岛和地处伊朗伊斯兰共和国西部并包括其在内的亚洲部分；三区——除二区已包括部分的亚洲全部和与之毗连的岛屿，包括东印度群岛的全部、澳大利亚、新西兰和与之毗连的岛屿，以及除一区所包括之外的所有的太平洋岛屿。

国际航空运输协会制定了一整套完整的标准和措施，以便在客票、货运单和其他有关凭证以及对旅客、行李和货物的管理方面建立统一的程序，这也就是所谓的“运输服务”，主要包括旅客、货运、机场服务三个方面，也包括多边联运协议。

国际航空运输协会在 1952 年就制定了“代理标准”协议，为航空公司与代理人之间的关系设置了模式。协会定期举行一系列培训代理人的课程，为航空销售业培养合格人员。近年来，随自动化技术的应用发展，协会制定了适用客、货销售的航空公司与代理人结算的“开账与结算系统”和“货运账目结算系统”。

国际航空运输协会对《芝加哥公约》附件的制定起到了重要的作用，目前在技术领域仍然进行着大量的工作，主要包括航空电子和电信、工程环境、机场、航行、医

学、简化手续以及航空保安等。

国际航空运输协会的法律工作主要表现在：①为世界航空的平稳运作而设立出文件和程序的标准；②为会员提供民用航空法律方面的咨询和诉讼服务；③在国际航空立法中，表达航空运输承运人的观点。

（三）国际航空运输协会中的会员关系管理

国际航空运输协会7个地区办事处为：位于美国华盛顿的北美地区办事处，位于智利圣地亚哥的南美地区办事处，位于比利时布鲁塞尔的欧洲地区办事处，位于瑞士日内瓦的非洲地区办事处，位于约旦安曼的中东地区办事处，位于新加坡的亚太地区办事处，位于北京的北亚地区办事处。

北亚地区会员关系管理事务办事处成立于1996年。其主要职责是：在本地区（包括中国大陆地区、台湾地区、香港地区、澳门地区以及朝鲜、蒙古和中亚）介绍国际航空运输协会（以下简称国际航协）为促进世界航空运输发展而制定的各项政策和发展战略；加强国际航协业务活动的开展；促进国际航协产品和服务的推广；了解、分析本地区（主要是中国大陆、台湾地区、香港地区、澳门地区）航空运输政策的发展动向；保障国际航协项目在本地区的顺利进行；协助国际航协中国办事处各部门的工作。

具体工作包括：

（1）执行并推广国际航协在全世界的政策，推广国际航协的产品与服务。

（2）推动国际航协在本地区的活动。

（3）发展国际航协在本地区的新会员，包括国际航协行业伙伴计划会员。

（4）协调航空公司联运和收益管理服务项目在中国的开展。

（5）协调国际航协运价事务在本地区的活动。

（6）协助国际航协基础设施经济战略项目在中国的活动。

（7）协调国际航协用户收费和航空煤油收费工作组在中国的业务工作。

（8）推动国际航空培训基金在中国的发展，并对该基金奖学金在中国的使用提出建议。

（9）与所在地区民用航空当局和其他政府机构保持密切和定期联络。

（10）协调国际航协与中国会员公司的联系。

（11）推动国际航协中国会员公司之间的合作。

（12）协助国际航协的会务工作和出版物的订购。

（13）协助办理国际航协航空公司两字代码和三字结算码的工作。

（14）协助国际航协其他部门在本地区业务的开展。

练习题

1. 国际航空运输协会英文全拼及分支机构有哪些？
2. 请叙述国际航空运输协会的主要工作。
3. 国际航空运输协会的分支机构都在哪里？

第二章　民用航空安全管理体系

教学目标

1. 掌握民用航空安全管理体系的定义。
2. 了解民用航空安全管理体系的特点和组成。
3. 了解中国民用航空安全管理体系的要求。

第一节　民用航空安全管理体系

（一）安全管理体系的定义

1. 国际民用航空组织（International Civil Ariation Organization，ICAO）对安全管理体系的定义

安全管理体系（Safety Management System，SMS）是有组织的管理安全的方法，包括必要的组织结构、问责办法、政策和程序。

2. 中国民用航空对安全管理体系的概括

安全管理体系是一个系统的、清晰的、全面的安全风险管理方法，包括目标计划和绩效评估等，最终实现安全运行和符合民用航空局的规章要求。

3. 安全管理体系的定义

通过对危险进行有效的管理来保证航空营运人健康运行的主动措施。安全管理体系由三个部分组成：安全、管理、系统。

（1）安全。安全管理体系建立的核心和目标就是保证飞行安全。安全被定义为人员受到的伤害或财产损失的风险在可以接受的水平的状态。针对飞机是不是安全这个问题，不能主观臆断，要用风险评价的方法对其评价，当得出的风险值超过了设定的安全值时，就可以被认为是不安全的。

（2）管理。要实现民用航空安全，就要严格管理。这里的管理定义为使用质量管理技术进行安全保证。

在管理前要对潜在的危险源进行风险评估，若超出了可以控制的范围，就要采取风险控制措施。目的是使飞机能更安全地运行，管理者每天都会对飞机的安全运行进

行监管，这是一种动态和常态的管理过程。

（3）系统。安全是在一定的系统内相互作用、相互依赖的要素总成的一个整体。换句话说，整个航空公司的有关安全运营的各项相关内容构成一个系统，它们相互作用，相互影响，最终为了共同的目的——运行飞机，安全准点地把旅客送往目的地。

（二）安全管理体系的理论基础

1. 安全管理体系的基本理论

安全管理体系的基本理论是 Reason（原因）理论，人是会犯错的，事故是由多种因素引发的。通过风险控制的方法可以有效防止事故的形成。风险的控制是安全生产的全程控制，包括主动控制、持续监督控制和被动控制。

2. 安全管理体系的特点

安全管理体系具有以下特点：

（1）安全为核心价值。

（2）面向全体员工，强调员工是关键。

（3）被动式管理与主动式管理兼备，采用安全评估和风险管理等手段，提高预防事故的警惕性。

（4）与现有的工作流程兼容。

3. 安全管理体系的组成框架

安全管理体系由以下几部分组成：

（1）安全管理计划。

（2）文件记录体系。

（3）安全监督机制。

（4）培训系统。

（5）质量保证系统。

（6）应急预案。

案例分享：

舱门应急滑梯在正常情况下被放出

图 2－1　舱门应急滑梯在正常情况下被放出

2010 年 9 月 22 日，某航空公司飞机执行航班任务。飞机在北京首都机场正常落地并滑入停机坪，发动机关闭后，乘务长下达“解除滑梯预位”指令，乘务组执行指令完毕。在地面人员指挥下，乘务长开启了衔接客梯 L1 门，引导旅客离开飞机。客人下机完毕，地面工作人员纷纷上机准备回程航班保障工作。约几分钟后，机务人员开启 L2 门，只听见巨大的充气声音传来，L2 舱门的应急滑梯在正常情况下被放出（见图2-1），导致回程航班延误数小时。

事故调查显示：L2门乘务员在乘务长下达“解除滑梯预位”指令时，听到旅客呼叫铃响起，急忙走入客舱，准备回来再操作。接着听到内话机声音，急于回答，忘记了操作舱门。这时，开始向旅客告别致谢。L2门乘务员在听到刺耳的充气声后才恍然大悟。

此事件充分体现安全管理体系建设中存在的具有共性的问题，为安全管理体系的建设敲响了警钟。

第二节　国际民用航空组织安全管理体系

一、国际安全管理体系的内容

在所有的航空活动中，安全都是第一位的。《国际民用航空公约》（通称《芝加哥公约》）第44条阐述的国际民用航空组织的宗旨和目标便反映了这一点：国际民用航空组织确保世界范围内国际民用航空安全、有序的发展。

国际民用航空组织为实施标准和建议措施提供专门的指导材料，包括有关安全管理的《国际民用航空组织安全管理体系手册》。该手册包括管理安全和建立安全案例体系的基本概念以及一些勇于实践国家安全方案目标的系统过程和措施。在可接受的安全水平，任何系统中都必须设定和测量绩效成果，以便确定系统是否依照预期运转，以及确定是否可能需要采取行动以提高绩效水平达到这些预期。

二、国际民用航空组织的安全指标和目标

国际民用航空组织的安全指标和安全目标可能是不同的。

安全指标：对于航空公司经营人，每100 000小时发生致命事故的次数为0.5次。

安全目标：对于航空公司经营人，每100 000小时发生致命事故的次数不多于0.5次。为安全方案确定可接受的安全水平并不能取代法律要求、管理要求及其他既定的要求，也不能免除各国根据《国际民用航空公约》及其相关规定须履行的义务。

第三节　中国民用航空安全管理体系

一、中国民用航空对安全管理体系的定义

安全管理体系是指建立安全政策和安全目标，通过对内部组织结构、责任制度、资源、过程、程序等相关联的要素进行系统性管理，实现安全目标的不案例体系。

二、中国民用航空安全管理体系的要求

在《中国民用航空安全管理体系建设总体实施方案》中，明确提出了中国民用航空安全管理体系的要求。该要求包括管理承诺与策划，风险管理，安全信息，实施与控制，监督、测评与改进等五个部分共18个要素。

（1）管理承诺与策划：安全政策与策划、组织与职责权限、安全策划和规章符合性的四个要素。

（2）风险管理：危险源辨识、风险评价与风险缓解和内部事件调查。

（3）安全信息：信息管理和安全报告系统。

（4）实施与控制和监督：资源管理、能力和培训、应急响应、文件管理和安全宣传。

（5）监督、测评与改进：安全监督、安全绩效监控、纠正措施程序和管理评审。

安全目标是安全政策的具体化，安全指标则是对安全目标的进一步量化，安全管理方案是为保证安全目标、指标的实现，对所采取的措施、有关部门的职责以及实施方法和时间做出的明确规定。这个拟定安全目标和指标，形成安全管理方案的过程就是安全管理体系策划工作的核心内容。

回顾近些年来中国民用航空业的安全发展，2010年8月24日至2017年9月30日，中国民用航空实现运输航空持续安全飞行85个月、5 400多万个小时，创造了历史上最好的安全记录。2012年11月至2017年9月，中国民用航空的运输飞机由1 922架增加到3 177架，年运输飞行时间由619万个小时增长到1 050万个小时，年均增长率11.2%。五年来，累计实现运输飞行4 100多万小时，未发生运输航空亡人事故，运输航空百万小时重大事故率为0，而同期世界平均水平约为0.0872；中国民用航空亿里死亡人数为0，而同期世界平均水平为0.0074。中国南航、国航、东航先后实现安全飞行1 000万小时，获得民用航空局颁发的“飞行安全钻石奖”。

案例分享：

1983年7月23日，加拿大航空143号班机（B767－233）由于油量计算错误（公制与英制计算错误），未加足够的燃油（仅携带需要量一半的燃油）导致高空中引擎熄火，靠无动力滑翔最后仍平安降落于马尼托巴省基米尼（Gimli）一个空置的军用机场内，无人受伤。该客机和班机后来被加拿大人称为“基米尼滑翔机”（Gimli Glider）。

事故经过：在1983年7月22日一次检查时发现，飞机液晶燃料显示计出现故障，当时技术人员发现只要拉出一个断路器就可以令显示器重新显示燃料存量，但是飞机仍要用机翼底的燃料测量棒来对燃料的存量作第二次确定。

1983年7月23日早上，机身编号C－GAUN的客机飞抵渥太华。在渥太华的检修人员发现燃料显示计没有任何显示，翻查飞行记录发现后拉出断路器令显示器重新显示燃料存量的做法跟正确做法有差异，于是渥太华的检修员决定要为这架767更换燃

料显示器；但因这架飞机是加航当时第一批（四部）767 中其中之一，所以渥太华并没有太多767的零件。正当检修员打算再用先前的方法令飞机飞行时，签派员打断了他的工作，结果检修员忘记拉出断路器。随后，飞行员到达驾驶舱，虽然飞行员事前已得知显示器出现了问题，但是在上机后才得知显示器其实是完全不亮，而不是像上一趟飞航一样仍可运作。机长在翻查最低设备表（MEL）后，明知道飞机是不可以在没有燃料显示后飞航，不过机长认为只要用手工计算燃料，再以燃料测量棒测量燃料就可以令飞机安全飞行，于是飞行员准备补充油量并继续前往埃德蒙顿的航程。传统上，加航的飞机是以英制为计算油量的单位，即每升油量应换算成1.77磅；可是该批刚投入服务的波音767－233客机，采用的却是公制单位，即每升油量应换算成0.8公斤。当机员在完成一轮燃料测量程序后被告知已经加入11 430升燃油，他们便误以为已加了20 400公斤的燃油，而实际上只有9 144公斤。机员将这些错误的资料输入机上的飞航管理电脑内，便起程前往埃德蒙顿。当飞机航行了约一半航程时，机上的警报响起，发出左翼油箱存量低的警告，机长鲍伯·彼德森（Bob Pearson）决定转往温尼伯（Winnipeg）紧急降落。不久，机上警报又表示右边机翼油箱存量低，随后一号引擎熄火，紧接着二号引擎亦停止运作。没有了引擎动力，机上的电脑设备亦同时关闭，只能靠冲压空气涡轮机（RAT）维持备用仪表的运作。因为失去了电力，飞机在温尼伯航空管制中心的雷达上消失。当时飞机于10 000米高空，离温尼伯还有104公里。这架767失去了所有的动力，飞行如此安静以至于后来舱音记录仪能清晰地听到机长在驾驶舱的声音。在此之前，从没有人驾驶过一架完全没有动力的民用航空机在空中滑翔。机长宣告进入紧急状态，并希望到温尼伯机场作紧急着陆，因为该机场的跑道长，救援设施充足。糟糕的是，副机长经计算后，发现以当时的下降率飞机根本没有办法撑到温尼伯。当飞机下降至8 000米高度时，电力系统及液压系统也失去了动力，这意味着机组员几乎无法操纵飞机了，只能使用RAT维持机上最基本的电力供应给某些设备，如高度显示器及空速指示器等。在此之际，副机长想起在马尼托巴省基米尼附近有一个废弃的空军基地，于是向塔台询问有关资料，塔台指示该空军基地的大约方位。机组人员决定选择在基米尼的原空军基地作为降落点。但飞行员不知道的是，自从基米尼的机场转为民用后，已变成赛车场，更糟糕的是这天是“家庭日”，机场区遍布车辆和宿营者。在飞机进近时飞行员做了无动力条件下的“重力甩轮”，主轮没问题，但是前轮无法锁住。不断减少的速度也降低了RAT的功效，这使得飞机变得越来越难以操纵。当接近机场时飞行高度显然太高了，飞行员采用了被称为是“侧滑”的机动来增加阻力、降低高度。当主轮在跑道上接地时，机组猛踩刹车，踩爆了数个轮胎。机头接地因为前轮未能锁住，停稳时离跑道头的“家庭日”车辆和宿营者仅100多米。落地时无人受伤，虽然从后舱滑下时有些人受轻伤，因为尾部几乎垂直于地面了。机头部分着了小火，但被赶来的赛车者用灭火器迅速扑灭了。伤员很快得到了救助，因为一位医生碰巧要从基米尼的另一条跑道起飞，一家飞行俱乐部的空中表演爱好者仍使用该跑道。机务迅速修复了机身上轻微的损伤，两天后飞机飞离了基米尼。以后又用了几周完全修复了飞机，飞机被重新投入营运。事后，机长佩尔森被降级6

个月，副机长莫里斯也停职二周。三个当事机务人员也被停职。基米尼滑翔机落地后在基米尼维修了两天，其后自行飞离。有趣的是，首辆派来维修基米尼滑翔机的汽车在半路因无油而抛锚，同样需要援助。其后，基米尼滑翔机仍服役了1/4个世纪之久，佩尔森也于1993年退休。基米尼滑翔机的最后一次商业航班飞行于2008年1月1日完成（AC951，海地太子港至蒙特利尔）。1月24日，C－GAUN飞往美国加州莫哈韦试飞场报废，加航了邀请佩尔霖及莫里斯搭乘这次AC7067航班，据航班情报服务网站Flightview及FlightAware提供的信息显示，C－GAUN先由蒙特利尔飞往Tucson国际机场，巡航高度FL400，抵达时间12：53PM（MST），其后随即飞往莫哈韦完成其使命。

1995年，导演乔治·蒙泰西（Jorge Montesi）将基米尼滑翔机事件拍成电影《死亡航班174》。1985年，将功补过的机组被国际航联授予首个杰出飞行员奖，因为纵使机组在起飞准备阶段出现了重大的失误，其于事故发生后的应对措施非常完美，避免了重大空难的发生，其对失去动力的大型客机的操作技巧无人能及，因为事后根本无人能在模拟机上完成对整个事件的重演。143号班机在安全的紧急降落前打破了当时民用航空机滑翔飞行最长距离的世界纪录。班机燃料用尽的地点与基米尼相距约50公里，飞机共滑翔了17分钟。此纪录在2001年的越洋航空236号班机事故（也是加拿大的一家航空公司）中被超越。

越洋航空236号班机是越洋航空在加拿大多伦多皮尔逊国际机场和葡萄牙里斯本机场之间的航班。2001年8月24日，由机长罗伯特·皮谢（Robert Piché）和副机长德克·德·耶格（Dirk De Jager）驾驶的236号班机，于大西洋上空漏尽燃料并失去动力，后来成功以滑翔方式降落在亚速尔群岛，无人死亡，并打破了民用航空机滑翔飞行最长距离的世界纪录。

事故经过：2001年8月23日北美东部时间下午20:52:00越洋航空236号班机离开多伦多。当时机上载有293位旅客和13位机组员；起飞时机上载有47.9吨燃料及5.5吨的备用燃料。发生事件的飞机为1999年生产的空中客车A330，机上共有362个座位。世界标准时间上午05:36:00在飞行约4小时之后，燃料开始泄漏，并引发驾驶舱的警告系统。首先飞机发出油温过低和油压过高警报，然后飞机发出燃料不平衡信息。最初，机长和副驾驶只认为是空中客车惯常出现的计算机错误，飞行员为了处理这一状况，试图修正而开启两侧油箱的转换阀，结果令燃料流向了泄漏燃料的发动机。世界标准时间上午05:41:00，当发现燃料消耗速度不正常了一段时间后，最后机组员决定依照正常程序紧急降落在亚速尔群岛拉日什空军基地（Lajes Airport）。世界标准时间上午06:13:00即燃料开始泄漏的28分钟之后，飞机右侧的2号引擎在燃料用尽后熄火，机长宣告进入紧急状态，并决定使用左侧的1号引擎全力飞行，由于使用一个引擎无法停留在正常的飞行高度，飞机因此下降了2 788米。13分钟后，当时高度为空层345，1号引擎也熄火，使得236号班机成了一架巨型滑翔机。失去引擎动力后，飞机仅能依赖冲压空气涡轮机（RAT）来维持操控飞机系统的最基本运作和数个不可或缺的飞行仪表显示。但因A330使用的是电传式飞行控制系统，在这样的运作下，飞行操作只可以用模拟方式不经飞行控制计算机传到控制面上，或多或少地对飞机的控制产生影响；同时刹车系统的力度也较正常情况下大有不及。此时由机长负责驾驶飞机，副机长监控飞机的下降速率，当时下降速度约为每分钟600米，因此飞机将会在15到20分钟后迫降于海上。但如强行在海上降落，后果将会像1996年11月23日发生的埃塞俄比亚航空961号班机般造成飞机断裂及人员伤亡。因此机长仍设法找寻拉日什空军基地。世界标准时间上午06:39:00，飞行员目视到拉日什空军基地，当时飞机在4 000米的高空，距离机场只有8海里，机长在执行一连串的回转、减速、降低高度后，成功进入33跑道的降落航向并放下了起落架，但他们面对的状况是须以空速200节的速度进行降落，远高于A330正常要求的120~140节的降落速度。世界标准时间上午06:46:00即两个引擎熄火的20分钟后，飞机以时速约370公里的速度降落在拉日什空军基地33跑道，多辆消防车早已在跑道附近戒备。由于飞机速度很高，只能硬着陆，令起落架10条轮胎中的8条爆裂，飞机最后在跑道中停下。机上共有16名旅客和2名机组人员受伤，多数为轻伤，2位旅客为重伤，但无生命危险。事后调查指出，事件是由于2号引擎的漏油所造成，而漏油则是由于越洋航空的维修人员的错误安装所致。因此越洋航空须负意外责任，并交给加拿大政府250 000加元的罚款。虽然在调查报告中，造成意外发生的原因之一包括了驾驶员的错误动作，但这是在驾驶员训练中所允许的，而且最后飞机顺利降落并仅有少数人受伤，机体也只有小部分伤害（事件之后该飞机仍然继续服役），因此驾驶员在回国时仍受到英雄式的欢迎。事件之后，Direction Générale de l'Aviation Civile（DGAC）和美国联邦航空局发出了新的适航指令，要求所有拥有空中客车A318-100、空中客车A319-100、空中客车A320-200、空中客车A321-100、空中客车A321-200、空中客车A320-111系列飞机的航空公司更改飞行手册，并要求驾驶员意图平衡两侧油箱油量之前，须确认是否为漏油所致，才可开启两侧油箱的转换阀。

全美航空1549号班机是一班从纽约拉瓜迪亚机场到北卡罗来纳州的夏洛特，再飞往西雅图的每日航班。该航班2009年1月15日那天起飞后6分钟在纽约哈德逊河紧急迫降。该航班在起飞后90秒爬升到约1 000米，机组员从无线电报告说他们的空中客车A320因鸟击而让两个引擎都失去动力，本次事故机上人员全数生还。

事故经过：当天下午，肇事空中客车A320客机编号N106US，由机长沙林博格（Chesley Sullenberger Ⅲ）负责执行，于下午3时26分在纽约拉瓜迪亚机场起飞。但起飞1分钟左右，机长向机场塔台报告，飞机上两具引擎都遭受鸟击而失去动力，要求立即折返机场。机场方面随即指示1549号班机立即折返，但沙林博格机长随即发现不能掉头折返机场，于是准备安排客机飞往新泽西州的泰特伯勒机场紧急降落；但其后机长又发现当时飞机的高度及下降速率，无法让客机安全降落于泰特伯勒机场。于是，机长决定避开人烟稠密地区，冒险让客机紧急降落在贯穿纽约市的哈德逊河上。拉瓜迪亚塔台在机长告知即将降落哈德逊河23秒后失去与班机联系。飞机飞进哈德逊河河道上空，并以滑翔方式缓缓下降。飞机机尾首先触水，其后以机腹接触水面滑行，飞机左侧的1号引擎于水面滑行期间脱落沉入河底。最后，飞机于曼克顿附近停止滑行，机身大致保持完整。当机身完全停稳后，机身开始慢慢下沉，于是紧急疏散程序立即展开。当时机上的旅客都保持秩序，让妇孺先离开机舱；机长负责指挥疏散，并且两次仔细检查机舱是否仍有旅客，确定所有旅客离开后才最后一人离开客机。机上所有人都停留在机翼上及紧急充气逃生滑梯上等待救援。警方与消防队于事发后立即出动，消防蛙人于事发后5~7分钟首先乘直升机到达，跳入只有4摄氏度的河水中拯救生还者；附近的渡轮亦积极参与拯救行动，船上的人将救生衣抛下河中及时将生还者救上渡轮，并将没有受伤的旅客载至河畔的餐厅安顿；受伤的旅客立即被安排到附近医院救治。调查事件初步确定，飞机失去动力的原因是因为飞机于爬升期间遇上一群加拿大黑雁，引擎可能吸入数只这类候鸟，结果导致发动机承受不了这庞大撞击力而停止运作。飞机于出事后两天被打捞出水面，以详细调查更多失事原因。事发后机长普遍被生还者及美国民众（特别是纽约市民）推崇为英雄，因他于飞机出事时临危不乱，以高超技术急降飞机于河面上，令机上所有人生还，而且在疏散旅客时，他还两度检查机舱，确保没有旅客被困才最后一人离开机舱。沙林博格机长在1980年加入全美航空，此前曾有在美国空军驾驶F-4战机的经验。他亦曾多次协助美国国家运输安全委员会（NTSB）调查飞机失事事故，并在加州大学柏克利分校任教，研究灾难危机管理。因此一般认为，丰富的经验及拥有危机处理的理念是他可以安全令客机迫降河面的原因。

2014年“双11”的前夜，南航CZ3739航班从珠海直飞北京途中，突遇发动机机械故障，但是机长那句“本人经过严格的训练，有能力控制好状况，有能力将大家安全送到陆地上”，让200多位旅客在绝望中安静了下来。最终，航班紧急迫降广州白云机场，且无人员伤亡。

事件经过：2014年11月10日21时40分许，由珠海飞往北京的南方航空公司CZ3739航班，在起飞1个多小时后，紧急迫降广州白云机场。事故原因被证实是发动机出现机械故障。南方航空公司党委工作部有关人员向记者证实了飞机迫降一事，并正面回应称，迫降是因为发动机出现机械故障。

练习题

1. 阐述国际民用航空组织安全管理的定义和内容。
2. 如何理解民用航空安全的重要性？

第三章　民用航空安全

教学目标

1. 了解影响飞行安全的因素。
2. 掌握民用航空客舱安全规范的主要内容。

第一节　飞行安全

飞行安全（Aviation Safety）是民用航空安全的重要组成部分，它所涉及的是与航空器飞行相关的客观因素，如航空器的性能、物理状态，航空活动中所依赖的航空设备、设施问题，通信、导航、气象问题，从事航空活动的人员素质问题等。

飞机的机翼和尾翼是保持飞机在飞行时的动作及方向平衡的最重要的部位，且机翼与尾翼是飞机上最结实的部位，在发生碰撞的时候不会产生收缩。

图 3－1　两架飞机在地面发生剐蹭

如图 3－1 所示，两架飞机在地面发生剐蹭，是在以下三个环节出现了问题：

（1）机场地面保障出现问题，跑道或停靠画线范围与机型不匹配。

（2）空中管制的管理，对于航班量大的机场，放行时间会出现误差。

（3）飞行员的操作失误，造成飞机偏离跑道或者停靠位置出现偏差。

一、空中交通管制

空中交通管制（Air Traffic Control，ATC）分为放行、离场、塔台管制、进近/进场（如图3－2、图3－3）。飞行员得到空中交通管制中心（塔台）的指示。交通管制中心的工作人员使用无线电或其他通信方式，引导飞机进行起飞或降落。这样的安全监督模式能够加强飞行安全，加快航班处理速度。

图3－2　空中交通管制中心（塔台）

放行：负责告知飞机起飞后的飞行路线和无线电号码，随后飞机交给地面管制。

离场：负责管理升空后的飞机，告知飞机航向、高度、速度，直到飞机离开管制的范围，交给区调（不归属在机场的空中管制）管理。

进近/进场：负责范围内抵达的本场飞机。当飞机进入负责范围内，进近告示使用跑道，并引导飞机进入五边飞行的进场路线，指引飞机如何安全地加入路线。直到飞机准备落地，交给塔台。当受天气影响时，进近将引导空中的飞机盘旋等待时机降落。

图3－3　空中交通管制中心工作

二、地面管制

地面管制员引导各种车辆，使用限定的滑行道在机场内移动，在飞机通过时会通知它们可通过跑道的时间，以及车辆停放的位置。机场地面交通指挥飞机跑道除外包括飞机移动、行李拖车、除雪机、割草机、加油车，以及其他车辆。除此之外，地面管制同时负责通知飞行员所使用的跑道号码，当飞机准备起飞时，会先停在跑道的起点，这时塔台控制会通知飞行员起飞时机。飞机降落并离开跑道后，转由地面控制接手。

三、天气情况

危害飞行安全的天气包括台风、雷雨、冰雹、风切变等天气现象，因此机场附近都会设有数个天气雷达站，由当地气象部门或机场的气象部门负责管理，并定时发放气象信息给飞行员或空中交通管制中心的工作人员。影响飞机飞行的五大气象因素：

1. 气压、气温及大气密度

飞机的准确落地和高空飞行离不开场压和标准大气压。

气温对飞机的载重和起飞、降落过程的滑跑距离影响较大。随着气温的升高，空气密度变小，产生的升力变小，飞机载重减小，同时起飞滑跑距离变长。

2. 云雾

机场上空高度较低的云会使飞行员看不清跑道，直接影响飞机的起降。

3. 风

飞机都是逆风起降，侧风不能过大，否则无法起降。所以风影响着飞机起飞和着路的滑跑距离和时间。会增加发生飞行事故的概率，有统计表明 20% 的航空事故都是风的因素引起的。

航线飞行，顺风减少油耗，缩短飞行时间，顶风则相反。

4. 颠簸

飞机在飞行过程中出现忽上忽下、左右摇晃及机身震颤等现象称为颠簸。颠簸强烈时，会影响飞行安全。

5. 结冰

飞机结冰是指飞机机体表面某些部位聚集冰层的现象，它会使飞机的空气动力性能下降，使飞机的升力减小，阻力增大，影响飞机的安全性和操纵性。飞机的不同部位结冰，分别有不同的后果。

（1）天线结冰，影响通信或者造成通信中断。

（2）发动机进气道结冰，可能会造成飞机损坏。

（3）旋翼和螺旋桨叶上结冰，会造成飞机剧烈颤动。

（4）驾驶舱风挡结冰，妨碍飞行视野。

四、环境

一般情况下，为了避免鸟类碰撞飞机造成安全事故，大型机场会进行鸟类控制。

案例分享：

史上最为著名的飞机成功迫降案例

图 3－4　全美航空 1549 号航班迫降哈德逊河

最有名的客机迫降是 2009 年 1 月 15 日全美航空 1549 号航班所创造的“哈德逊河奇迹”。

当天这架属于美国全美航空公司的空中客车 A－320N106US 号客机由机长切斯利·沙林伯格三世驾驶，从纽约拉瓜迪亚机场起飞，准备执行经停夏洛特道格拉斯机场，至西塔科—西雅图塔科马机场的 1549 号航班任务。起飞时间是 15 时 26 分左右，起飞仅 1 分钟，机长就发现飞机两个引擎均遭遇飞鸟撞击，丧失全部动力，要求掉头折返。但机长在获准折返后却发现方向系统失灵，飞机根本无法掉头，只得再次呼救，被塔台紧急引导，准备飞往前方不远的新泽西州泰特伯勒机场备降。但此时飞机高度不断下降，机长经计算后得出结论——根本无法安全抵达泰特伯勒机场，而周围都是人烟稠密的都市区，唯一空旷的备降场地，就是贯穿纽约市区的哈德逊河。他立即紧急通告塔台，自己准备在哈德逊河上迫降。

随后机长在通讯完全中断的情况下，操纵丧失动力的庞大飞机小心翼翼地滑行至哈德逊河道上空，首先让机尾入水，随后用机腹触水滑行，并缓缓在曼克顿附近河面上停住。飞机刚停下，机长便从容指挥旅客按照先妇孺后男子的顺序有序快速撤离，自己反复检查客舱两遍，确信空无一人后才最后撤退，尽管机身此时已开始下沉，但所有旅客和机组人员都有秩序地站在机翼或紧急充气救生滑梯上等候救援（见图 3－4）。

附近目睹这一场面的船只纷纷驶来救援，5～7 分钟后，警方和消防队的蛙人和直升机也随即赶到，在迅速周密的救援下，全体乘员都被救起，无一人死亡。

事后人们总结认为，“哈德逊河奇迹”之所以能够出现，原因是多方面的。

首先，机长系战斗机飞行员出身，又曾多次协助美国国家运输安全委员会 NTSB 调查飞机失事事故工作，还曾在加州大学伯克利分校教授灾难危机管理学，飞行经验、应急处理能力都首屈一指，且拥有难得的相关理论知识；其次，旅客在机组人员组织下遇变不慌，有序撤离，延缓了飞机沉入河底的时间，争取了宝贵的自救机会；最后，河上船只、附近的警方和消防队没有被突如其来的变故弄得不知所措，纷纷做出了当时情况下最合适的反应。

练习题

1. 飞行安全是民用航空安全的重要组成部分，英文的表达方式是什么？它涉及哪些与航空器飞行相关的客观因素？

2. 影响飞机飞行安全的五大因素是什么？

第二节 客舱安全

安全永远是旅客机客舱服务的基本要求，客舱安全需要旅客与乘务员共同创造和维护。虽然这其中必然有着管理和被管理的矛盾，但二者永远是一个有机的整体。所以客舱安全的重要因素就是旅客与乘务员。

一、旅客分类

如果把旅客分类，大致可以分为懂得航空法及规定的旅客和不懂得航空法及规定的旅客两大类。

1. 懂得航空法及安全规定的旅客

这些旅客由于经常乘机或者是航空界相关从业人士，因而对于一些基本的安全规定耳熟能详。但是仍有旅客违反规定，给飞行安全及自身安全造成隐患。原因有以下两点：

（1）旅客对乘机的相关规定非常了解，但是由于嫌麻烦而拒绝或拖延执行。比如，起飞、下降时要求旅客打开遮光板，有些旅客会嫌晒怕热而拒绝，殊不知这样会对判断飞机外部情况非常不利。再比如，要求收起小桌板，通常旅客会觉得不方便，没有地方放东西，殊不知飞机在滑行中紧急刹车，小桌板和身体之间的碰撞会造成很大的伤害。

（2）由于上述第一条，当遵守法规与自身利益要求相抵触时，一些旅客会选择利益至上。飞机上的权利和义务是相对统一又相互矛盾的。旅客们乘飞机出行都要求有舒适服务体检，可是一些旅客错误地理解为在飞机上可以随心所欲。例如，登机旅客不对号入座，如果每位旅客都要求随便调换座位，那么航空公司就没有安全秩序可言了。甚至一些旅客自以为聪明地在洗手间吸烟，用纸杯将报警器罩住，难道报警器不响就不会引起火灾么？旅客总在了解了安全规定后又对其忽视，注重个人的舒适感受，而忽略飞机的整体安全。

2. 不懂得航空法及安全规定的旅客

（1）此类旅客由于极少有机会乘坐飞机，对于航空法及安全规定完全不了解或了解得很少，导致他们对于维护客舱安全、自身保护防范观念很淡漠。

（2）相对于第一类旅客而言，这类旅客违反安全规定的行为具有突然性。例如，在飞机即将着陆阶段突然解开安全带，飞机滑行时打开行李架，飞机未停稳起身提拿行李。

二、安全演示和安全须知

起飞前的安全演示是为旅客讲解紧急设备使用方法的重要时刻，通过这个环节旅客能够了解怎样正确使用机上应急逃生设备。安全演示的内容包括如下三个方面：

（1）乘务员演示。

（2）安全须知卡。

（3）播放安全须知录像。

三、飞机上的安全标识

飞机上旅客使用的设施上都标有图形标识和简明的中英文字。例如，卫生间的门上标有开启的方式，飞机过道上方有逃生时所需的安全门标识，行李架最大承重。

案例分享：

1982 年 12 月 24 日，一架客机由长沙飞往广州，在广州落地后起火，飞机报废。有 25 名旅客遇难。据调查，这一事故最根本的原因是旅客吸烟引起了电器舱失火。

3－5　飞机失火

第三节　国际民用航空组织对客舱安全的相关规定

一、客舱安全的目的

（1）《国际民用航空组织安全管理手册》中指出：客舱安全的目的是将飞机的风险降到最低程度。

通过减少或者消除可能造成的损害，客舱安全应把重点放在为航空器乘员提供一个更安全的环境上。航空器乘员包括机组成员及所有在客舱中的旅客。

（2）客舱乘务组一般是旅客在飞机上唯一的公司代表。

从旅客的角度看，客舱乘务组是为旅客提供空中服务的。从高层管理者的角度看，客舱乘务员可能需要做更多的工作去建立良好的公司形象。从管理和运行的角度看，客舱乘务员在飞机上管理客舱可能出现的不理情况，以及在紧急情况下向旅客提供指导和帮助。

二、威胁客舱安全的因素

对飞机以及乘员的威胁范围包括：

（1）飞行中遭遇气流。

（2）客舱冒烟及起火。

（3）客舱失压。

（4）紧急迫降。

（5）紧急撤离。

（6）不守规的旅客。

三、对威胁安全问题的处理

在发生重大的航空事故后，调查的注意力在初始阶段可能集中在飞行运行上。然后在证据的引导下，调查会扩展到其他问题。一个事故的触发事件很少发生在客舱。但是，客舱乘务组对发生在客舱中的事件做出不适当的处置会导致更加严重的后果。例如：旅客装载不正确（重量和平衡考虑因素）；在起飞、着陆和通过气流时没有固定好客舱及厨房设备；对发出警告的反应迟钝；对发生在客舱中的事件（飞行中气流颠簸的警告及广播）反应迟钝；没有向飞行机组报告观察到的重要情况（如奇怪的气味、机翼被雪或冰覆盖）；对发生在客舱中的事件反应失当（电路短路、出现烟雾或烘箱起火）。

因为客舱乘务员的工作集中在客舱服务上，所以要确保在提供优质服务的同时不会影响完成保证旅客安全的主要任务。并且客舱乘务员的培训及操作程序必须保证涉及全部可能发生的安全问题。

四、国际民用航空组织对客舱乘务员安全职责的规定

国际民用航空组织对客舱乘务员安全职责的规定包括：

（1）紧急任务的分配。

（2）紧急撤离时的职责。

（3）应急设备的使用。

（4）飞行和值班时间的限制。

（5）应急处置培训。

（6）客舱乘务员必须持有局方颁发的相应的现行有效的航空人员执照和证件：中国民航空勤登机证、客舱乘务员训练合格证、航空人员体检合格证。

练习题

1. 飞机上有哪些安全演示的方法？
2. 为什么总是有旅客违反航空安全的规定？
3. 如何理解客舱安全是乘务员的首要职责？
4. 国际民用航空组织对客舱乘务员安全职责的规定有哪些？

第四章　中国民用航空对客舱安全的基本要求

教学目标

1. 了解客舱乘务员资格、培训、飞行时间以及客舱安全运行管理的规定。
2. 掌握客舱乘务员的资格要求、特殊的培训项目及分工。

客舱乘务员需要学习民用航空法规、机型设备操作、客舱服务技能、应急生存技能、航空安全管理以及各航空公司运行规定及管理章程，经考核合格并取得客舱乘务员资格证才能上岗工作。

客舱乘务员在执行航班任务时必须持有效航空人员执照和证件，包括中国民用航空空勤登记证、客舱乘务员训练合格证、航空人员体检合格证。三种证件只能本人使用，不得转借他人，要妥善保管证件，缺失任何一个证件都不能执行航班任务，并及时报告所在单位，进行处理。

在执行航班任务时，必须携带现行有效的三种证件，并在民用航空局检查时主动出示证件。

第一节　客舱乘务员训练要求

一、基础训练

（一）新雇员初始训练（Initial Training）

新雇员初始训练是指航空公司新雇员，在进入乘务员岗位之前需进行的训练。新雇员初始训练包括专业基础理论训练、针对特定机型和岗位的训练、紧急情况下的撤离及处置训练、客舱灭火训练等。

（二）转机型训练（Transition Training）

在职乘务员如果要在从未飞过的机型上工作，必须完成新机型的全部训练并通过考核。如航空公司乘务员原来在波音 787 机型上工作，现在公司引进了空中客车 A350 新型客机，飞机各项设施差别很大，尤其是机舱门的设计及打开方式上，所以乘务员必须通过新机型的各项培训以及拿到通过考核证书。

（三）定期复训应急生存训练（Recurrent Training）

为保证乘务员在所服务的各类型飞机和工作位置上获得充分的训练，以及各项技能始终保持在熟练的状态，乘务员应当在每年完成定期的复训和资格考核。复训内容包括机组联合应急生存训练、心肺复苏术、应急医疗设备位置、药箱医疗用品和药品类目等。

（四）重新获得资格训练（Requalification Training）

重新获得资格训练是指已经训练过并取得资格的客舱乘务员未执行客舱乘务员岗位职责连续 12 个月（含）以上或未按规定期限复训或由于各种原因失去资格的客舱乘务员，为恢复飞行资格而进行复训。课程内容为：根据不合格的科目选择训练课程；根据机型安排应急设备、紧急情况训练和应急演练。

（五）危险品运输训练（Dangerous Goods Transport Training）

所有乘务员必须经过危险品运输培训并成绩合格后才具有飞行资格，这类培训周期为一年，24 个月内有效。

（六）特殊航线运输训练（Special Route Operation Training）

此类训练适用于乘务员需要完成某类特定训练课程时进行的训练，如拉萨机场是高原机场，执行拉萨航班的乘务员必须经过高原航线飞行的相关训练。

二、应急生存训练

客舱乘务员应当针对机型类别、布局及所实施的每种运行，完成规定的应急生存训练。

（一）应急生存训练的内容

（1）应急工作的任务分派和流程，机组成员之间也要做好协调配合。

（2）熟记应急设备所在的位置、功能和使用方法。应急设备包括：①水上迫降的应急设备，如救生船、救生衣；②急救设备，如氧气瓶、急救药箱等；③不同类型的灭火瓶；④应急出口处的撤离滑梯或者滑梯救生筏。

（3）紧急情况的处理：①客舱紧急失压力的现象及处置；②空中或地面失火或烟雾控制，重点是找到客舱内的电气设备和断路器；③紧急迫降（包括水上迫降）撤离时，首先帮助伤残人员撤离；④旅客或机组人员生病、受伤等非正常情况的处置，包括熟悉应急医疗箱；⑤劫机和其他非法烦扰情况的处理。

（4）回顾以前与实际紧急情况有关的飞行事故，总结经验，吸取教训。

（二）应急演练

客舱乘务员如果是初次转入某机型，则应当在实训室完成应急演练的内容包括：

（1）受训人员应当佩戴该机型的呼吸保护装置，使用一个适合失火类型的机载手提灭火器，扑灭实际或者模拟的火势。

（2）使用应急撤离滑梯进行撤出飞机的应急撤离演练。客舱乘务员需要操作飞机出口在应急方式下的打开，并使此出口的应急滑梯放出并充气（滑梯救生筏）；如应急滑梯无法自动弹出或充气，需要采用手提拉动阀门的方式操作。如手动方式仍然无效，该出口将视为不可用的撤离出口。需要有一位乘务员站在此出口，防止旅客从此出口跳出，造成伤亡事件。

案例分享：

案例一

2013 年 7 月 6 日 11 点半在美国旧金山国际机场，韩亚航空 214 航班着落失事，机上旅客和机组人员共 307 人，机上共有旅客 291 人。据中国驻旧金山领事馆初步核实，有 141 名中国公民，有 28 名中国旅客受伤，总计航班受伤旅客百余人。

案例二

美国时间 2017 年 5 月 23 日晚间，原定由新泽西州纽瓦克飞往旧金山的美国联合航空 UA1579 航班起飞前引擎起火，旅客和机组通过逃生滑梯撤离至停机坪，该航班由波音 757－200 执飞，使用普惠 PW2000 引擎。事件造成纽瓦克机场短时关闭，部分航班备降。

（三）紧急撤离训练

飞机在飞行中或在地面遭遇故障需要进行紧急撤离，客舱乘务员要记住所有应急处置的程序和指令，这是紧急撤离成功的前提和唯一途径。

图 4－1　客舱乘务员正在进行客舱安全演示训练

飞机迫降“应急处置”工作是指乘务员应对飞机空中遇险的情况下，在机长给予的有限准备时间内，指导旅客做好各项防范保护措施，以降低旅客在非正常下降过程中的伤亡率或免除无谓伤亡，下降后组织紧急撤离的一系列工作（见图 4－1）。

紧急撤离也叫应急撤离，分为陆地撤离和水上撤离两种。从准备撤离的时间上可分为：有准备的紧急撤离、有限时间准备的紧急撤离、无准备的紧急撤离。飞机遇险，需要紧急撤离时，飞行机组和乘务组都有相应的预案和应急操作程序，而且都经过了严格训练，并且每年都会定期复训演练。

下面就有计划准备的撤离进行详细介绍。

1. 机长决断

由于飞行中可能出现的各种不利因素，导致飞机必须进行陆地或水上的迫降和撤离时，必须由机长做出决定。做出决定后开始执行撤离准备工作程序。

2. 机组联系

当机长做出迫降的决定后，机组按应急处置的分工进行处置，操作驾驶员要按规定并在条件允许条件下通知乘务长报告情况和请求救助（B777、A320 使用紧急呼叫，B767、B757 使用“ALERT CALL”，B737 可使用内话系统呼叫乘务长）。

机组：“紧急情况！乘务长速到驾驶舱。”

乘务长：“明白，马上到！”

3. 介绍情况乘务组协作

机组应告诉乘务长迫降的原因、迫降的环境、迫降的时间，要求按应急处置方案进行撤离的准备。

（1）乘务长向乘务组传达机长的决定；

（2）乘务长要求乘务员按广播的程序进行准备工作；

（3）乘务员完成每一项准备工作后向乘务长报告；

（4）协作工作完成后向机长报告。

4. 发出通告

机长或机长委托的机组成员向旅客广播迫降的决定。要求旅客听从乘务员的指挥，做好迫降前的准备工作。

广播词：决定紧急撤离。

女士们，先生们：我是本架飞机的机长，飞机出现紧急情况，落地后将做紧急撤离。为了您和他人的安全，请大家不要惊慌，听从乘务员的指挥。

5. 决定陆地或水上迫降

广播词：决定陆上或水上迫降。

女士们，先生们：我是本架飞机的机长，现在飞机发生了机械故障，无法继续飞行，决定采取陆地（水上）迫降。我们已与救援单位取得联系，现在请听从乘务员的指挥，在各自的位置上坐好，系好安全带，在着陆（着水）的一刹那，我将通知您（我还将通过“系好安全带”的闪亮通知您）。在飞机没有完全停稳之前，身体要保持用力状态。

6. 着陆、着水前准备

乘务长使用广播系统进行指挥。准备工作包括：

（1）五项安全检查。

（2）示范防冲撞安全姿势，明确采取防撞安全姿势的信号。水上迫降要示范救生衣的穿着，明确充气的时间。

（3）划分脱离区域。

（4）收集锋利物品，脱掉高跟鞋，水上迫降时脱掉所有的鞋。

（5）调整旅客强弱互助。

（6）选择援助者帮助搬动救生艇、打开应急出口、维持秩序等。

（7）固定活动物品，切断不必要的电源。

（8）根据迫降环境准备好应急物品、衣物、食物和水。

（9）再次确认出口滑梯处在预位状态。

（10）完成客舱对旅客各项安全准备，最后确认，乘务长向机长报告。

乘务长："客舱准备完毕！"

机长："明白，乘务员各就各位！"

（11）乘务长通过旅客广播系统发出："乘务员各就各位！"

乘务员听到指令后，要迅速坐在指定的位置上，系好安全带。

（12）飞机着陆（或着水）前一分钟，驾驶舱向客舱发出警告指令："一分钟后着陆（着水）"。

飞机着陆（或着水）前 20 秒，驾驶舱向客舱发出最后指令："全体人员注意！抱紧防撞！"或安全带灯连续闪亮两次。

听到指令，乘务员大声命令旅客："抱紧防撞！"，并迅速做好自己的防撞姿势。

7. 着陆（水）后撤离

（1）机组撤离指令：飞机着陆（或着水）后，机长应尽快使飞机停下来。飞机完全停稳后，机长应向客舱发出撤离或不需要撤离的指令，并根据飞机的状况向乘务员指示撤离的路线。

（2）机组广播内容：

①机长：

"从左（右）边撤离！"

"从前（后）门撤离！""开始撤离！"（A320 可通过撤离警报发出指令）

②乘务员：

a. 发出"解开安全带"指令。

b. 观察门的内部状况。

c. 观察门外无烟、无火、无障碍（水上确认门槛高出水面）。

d. 打开舱门，拉动"PULL"手柄，确认滑梯充气完毕。

e. 大声下令："到这来，跳，坐"。水上撤离下令："到这来，充气，登艇。"

f. 检查客舱，带齐应急物品撤离。

g. 水上撤离：登艇后拉动"HANDLE"手柄，割断系留绳与飞机分离。

第二节　客舱乘务员在航班中的配备要求

客舱乘务员的配备要求有以下几点：

（1）为保证安全运行，各航空公司在每架承运旅客的飞机上，应当按照下列要求配备相应的数量的客舱乘务员：①旅客座位数量为20～50的飞机，至少配备1名客舱乘务员；②旅客座位数量为51～100的飞机，至少配备2名客舱乘务员；③旅客座位数量超过100的飞机，在配备2名客舱乘务员的基础上，按照每增加50个旅客座位增加1名客舱乘务员的方法配备，不足50的余数部分按照50计算。

（2）如果在应急撤离演示中，航空公司使用的客舱乘务员人数超过以上要求的数量，航空公司应该按照下列条件配备客舱乘务员：①每个航班客舱乘务员人数至少要等于应急撤离演示期间所用的人数；②如果航空公司为了保证服务质量可以在规定数量上增加乘务员；③正在带飞的乘务学员不能列入规定的客舱乘务员数量。

（3）在起飞和着陆过程中，客舱乘务员应当按手册的要求坐在规定的乘务员座位，以便在应急撤离时能最有效地疏散旅客。

（4）在飞机滑行期间，要求所有客舱乘务员除完成保障飞机和机上人员安全的任务外，其他时间应当坐在其执勤位置并系好安全带。

第三节　客舱乘务员的三个时间限制

为了保证客舱乘务员的飞行时间在合理的范围之内，民用航空局对此经过多次修改之后，确定了客舱乘务员的三个时间限制，主要目的是避免乘务员因过度疲劳而在紧急情况下无法进行及时有效的处置的情况发生。客舱乘务员的三个时间限制同样在民用航空运行规则中有着明确要求。航空公司应当保证乘务员在执勤期间符合适用的值勤期限制、飞行时间限制和休息要求。任何违反规定的人员不得在航班运行中担任任何职责。

一、规定用语的定义

（1）经过批准的睡眠区：指经民用航空局批准，为使机组成员得到良好的睡眠及休息而指定的场所。睡眠区可以是飞机上的机组成员休息场所，也可以是在地面安排机组休息的地方。

（2）日历日：指按照世界时或者当地时间划分的一个时间段，从当日零点到次日零点之间的24小时。

（3）值勤日：指机组成员在接受安排的飞行任务后，从为了完成此次任务而到指定地点报到时间开始，到解除任务时刻为止的连续时间段。在一个值勤期内，如机组成员能在有睡眠条件的场所得到休息，该休息时间可以不计入该值勤时间。

（4）休息期：指从机组成员到达休息地点起，到为执行下一次任务离开休息地点为止的连续时间段。在该段时间内，航空公司不得为该人员安排任何工作和造成任何干扰。

（5）飞机运行延误：指由于出现恶劣的气象条件、飞机设备故障、空中交通管制不畅等客观情况而导致的延误。

（6）机组成员的飞行时间：指机组成员在飞机飞行期间的值勤时间，包括在座飞行时间（驾驶舱飞行经历时间）和不在座飞行时间。

二、客舱乘务员的值勤期时间和休息要求

（1）每个航空公司中使用的各类机型对乘务员数量的配备要求各不相同，但是都必须符合运行合格审定时客舱乘务员配备数量。

（2）当按照规定的最低数量配备客舱乘务员时，客舱乘务员的飞行值勤期不得超过 14 小时。飞行值勤期后应当安排至少 9 小时连续休息时间，这一休息期应当安排在该飞行值勤期结束时刻与下一飞行值勤开始时刻之间。

（3）在规定的最低数量配备客舱乘务员必须符合以下规定：①增加 1 名客舱乘务员，飞行值勤期不得超过 16 小时；增加 2 名客舱乘务员，值勤期不得超过 18 小时；增加 3 名或者 3 名以上客舱乘务员，值勤期不超过 20 小时。②值勤飞行超过 14 小时后，应当安排至少 12 个连续小时的休息期，这一休息期应当安排在该值勤期结束时刻开始。③安排客舱乘务员飞行值勤期时，所安排的飞行没有按照原来的预计时间到达目的地，超出飞行值勤期的限制时间；则不计算客舱乘务员的排班超出时间；但是如果实际值勤期超过规定值勤期限 4 小时，后继休息时间会相应增加。

三、客舱乘务员的总飞行时间规定

（1）在任何连续 7 个日历日内不超过 40 小时。

（2）在任 1 日历月内不得超过 110 小时。

（3）在任 1 日历年内不得超过 1200 小时。

相关拓展：

应急撤离演示程序

（1）航空公司根据所购买的飞机向民用航空局申请应急撤离演示。

（2）航空公司所属地区管理局安排时间和相关要求。

（3）航空公司安排飞行机组和客舱乘务组进行该机型各种情况下的应急撤离训练。

（4）对航空公司的应急撤离演示进行考评的考评员由民用航空局负责组织安排。

（5）应急撤离演示开始，考评人员在机组无准备情况下发出应急指令，如飞机正准备起飞突然客舱失火等。

（6）应急撤离演示机组必须根据应急情况做出正确的判断，并在规定的 15 分钟内完成该机型应急出口的打开、滑梯充气等程序。

飞机验证试飞的情况

（1）如果航空公司使用以前从未使用过的飞机，应当完成民用航空局规定的 100 小时运行验证试飞，包括航线飞行、夜航飞行，在民用航空局经过检查认为已经达到熟练程度后可以适当减少试飞时间。

（2）如果航空公司新买的飞机与原有飞机为同一型号，只是在设计上局部更改，试飞时间只需要25 分钟。

（3）在完成各种应急撤离演示及验证试飞时间后，航空公司引进的新飞机经过民用航空局审批合格后就可以投入正常的航班生产。

练习题

1. 乘务员的培训项目以及定期复训的时间要求分别是什么？
2. 乘务员的三个时间限制是什么？

第五章　客舱安全职责

教学目标

1. 了解机长的安全职责。
2. 了解乘务员的安全职责。
3. 了解航空安全员的安全职责。

第一节　机长的安全职责

飞机机组、乘务组是一个团队，每个成员有不同的岗位，每个岗位有不同的工作职责和安全责任。团队中的每个人只有明确各自的安全职责并熟练掌握相关技能，充分发挥团队协作配合的作用，才能正确处置各类可能发生的特殊情况。在这个团队中的最高领导是机长，航空公司运行法规赋予机长以下责任和权利：

（1）在飞行运行期间，飞机的操作由机长负责，机长应当严格履行职责，对飞机的安全运行、机上所有人员和财产的安全负责。

（2）机长收到船舶或者其他航空器的遇险信号，应当将遇险情况及时报告就近的空中交通管制单位并给予可能的合理救援。

（3）应保证始终在有效的通信频率上进行无线电通信，并与其他机组人员建立有效的联系。

（4）机长对飞机拥有完全的控制权、管理权和最终决定权，这些权利没有限制，可以超越机组其他成员及他们的责任；机长在其职权范围内发布命令，为保证飞机及机上人员安全和良好的客舱秩序，机上所有人员必须听从机长的指挥，服从机长的命令。

（5）确保飞机载重平衡符合安全要求；检查技术记录本上所填写的故障处理情况和故障保留单，确认飞机的适航能力。

（6）飞机遇险时，机长指挥机组人员和飞机上其他人员采取一切必要的抢救措施。在必须撤离遇险飞机的紧急情况下，首先组织旅客安全离开飞机；未经机长允许，机组人员不得擅自离开飞机；机长应当最后离开飞机。

（7）对于任何破坏飞机、扰乱飞机内秩序、危害飞机所载人员或者财产安全以及其他危及飞行安全的行为，在保证安全的前提下，机长有权决定有关人员或货物离开飞机。

（8）机长发现机组成员不适宜执行飞行任务时，为保证飞行安全有权提出调整。

（9）向全体机组成员下达简令，可将部分责任授权指定的机组人员和分配任务，当其离开驾驶舱时，应做出适当的指示；返回时，应立即听取汇报；履行职责，严格按照操作规范驾驶飞机，严格按飞机计划飞行，并遵循其运行规范的限制和空中规则。

（10）负责组织机组进行飞行前准备，与飞行签派员共同签字放行；对飞机实施必要的检查；机长发现飞机、机场、气象条件等不符合规定时，有权拒绝飞行。

（11）飞机发生事故，机长应当直接或者通过给空中交通管制部门，如实将事故及时报告给空中交通管制部门；并确保运行期间飞行记录器不被人为地关闭。

（12）飞行中机长因故不能履行职务时，由仅次于机长职务的驾驶员代理机长；在下一个经停地起飞前，民用航空器所有人或者承租人应当指派新机长接任。

（13）在需要立即决策或者行动的紧急情况下，机长可采取任何必要的行动，在此情况下，为安全起见，机长可不必遵循常规操作程序及方法，但要对其结果负责。

（14）严格执行相关程序、检查单和操作手册中的要求，以及燃油量、氧气量、最低安全飞行高度、机场最低标准和备降场地等规定。

（15）当机长使用应急权力时，必须将飞行进程情况及时准确地向相关的空中交通管制部门和公司运行控制中心报告，并在返回驻地后24小时内向安全监察部门提交书面报告。

（16）飞行结束后，机长检查各种记录本、文件、报告填写是否正确。

第二节　乘务员的安全职责

一、乘务长的安全职责

每个航班每架飞机都要有客舱乘务员来保障旅客的客舱安全以及提供空中服务，每个乘务组由乘务长、头等舱乘务员、厨房乘务员、客舱乘务员、安全员组成。如果航班上有带飞新学员，就有带飞教员；如果航班上有被检查乘务员或学员，就有检查员，各岗位都有其安全职责。

在执行航班任务的过程中，必须指定一名乘务长。乘务长应该认真执行《中华人民共和国民用航空法》全程监控服务工作和客舱安全。

（1）在每次航班飞行中，乘务长隶属机长领导，协助机长保证旅客、客舱、货物在正常和应急情况下的安全。

（2）应维护航空公司利益，乘务长有权处理机上服务及客舱安全方面的各种事宜。

（3）飞行中遇有紧急情况及时报告机长，在机长的指示下，乘务长指挥乘务员充分利用飞机上的应急设备保证旅客的安全。

（4）在应急情况下，乘务长负责广播。

（5）负责检查落实本岗位应急设备处于待用状态。

二、厨房乘务员的安全责任

厨房乘务员在乘务长的领导下开展工作，协助乘务长处理飞机上的服务及客舱安全事宜。

（1）厨房乘务员在服务工作中除担任本区域规定的工作职责外，还应对所管辖区域的服务工作及客舱安全进行全面管理。

（2）对飞机上配备的旅客餐食、饮料等进行质量和安全检查。

（3）按照规定操作管理服务设备和应急设备。

（4）遇有紧急情况及时报告乘务长，在机长/乘务长的指挥下，确保国家财产和旅客安全。

（5）检查落实本岗位应急设备处于待用状态。

三、客舱乘务员的安全职责

（1）按照分工，负责本区域服务工作和客舱安全。

（2）遇紧急情况及时报告乘务长。

（3）检查落实本岗位应急设备处于待用状态。

（4）按照规定操作管理服务设备和应急设备。

四、航线带飞乘务教员的安全职责

航线带飞乘务教员在执行带飞任务时，除履行本区域的工作职责外，还要承担学员所在区域的安全责任。例如，航班上有乘务教员带飞乘务学员，机舱门的操作必须由教员负责进行。如果有旅客因为行李架没有关严而被掉下的物品砸伤，即使学员已经检查过，但是责任由教员承担。只要乘务学员还没单飞，工作期间发生的安全问题都由教员承担。

五、乘务检查员的安全职责

乘务检查员在航班上对客舱安全履行检查职责，这种职责包括乘务员安全设备的检查是否到位，对客舱安全检查的每一条是否认真落实，乘务员自身执行安全规范有无问题，等等。在执行航班检查过程中对于没有落实安全规定的问题可以直接给予指正，并有权制止违章行为，有权提出处理意见。

第三节　航空安全员的安全职责

一、航空安全员的定义

航空安全员是指在民用航空器中执行空中安全保卫任务的空勤人员，航空安全员在机长领导下工作。现在航空公司的安全员基本由两种：一种是专职的空警人员，其性质属于国家公务员，在航班上只履行专职安全员职责；另一种是双执照航空安全员，经过乘务员和安全员培训，具有乘务员、安全员执照，可以履行乘务员及安全员职责。

二、航空安全员的职责和权力

航空安全员的任务是维护飞行中的民用航空器内的秩序，防范和制止劫机、炸机和其他对民用航空器的非法干扰行为，保护民用航空器及其所载人员和财产的安全。

（一）航空安全员的职责

（1）制止扰乱航空器内秩序的行为。

（2）制止与执行航班任务无关的人员进入驾驶舱。

（3）协助有关部门做好被押解犯人、被遣返人员在飞行中的监管工作。

（4）处置劫机、炸机及其他非法干扰事件。

（5）协助警卫部门做好警卫对象和重要旅客乘坐民用航空班机、专机的安全保卫工作。

（6）在旅客登机前和离机后对客舱进行检查，防止无关人员、不明物品留在客舱内。

（7）执行上级交给的其他安全保卫任务。

（二）航空安全员的权力

（1）在必要的情况下，查验旅客的客票、登机牌、身份证件。

（2）当劫机、炸机等紧急事件发生时，对不法行为人采取必要措施。

（3）对扰乱航空器内秩序且不听劝阻的人员采取管束措施，航空器降落后移交民用航空公安机关处理。

（4）制止危害航空安全的行为，必要时航空安全员可以请求旅客予以协助。

三、航空安全员的权力限制

（1）在饮用含酒精饮品之后的 12 个小时内，或处于酒精作用下，血液中酒精含量等于或大于 0.04%，不得在航空器内履行安全职责。

（2）不符合《中国民用航空人员医学标准和体检合格证管理规则》规定的现行体检标准，如体检不合格人员不能参加飞行任务。

（3）被暂停行使执照权利期间，不得在航空器内履行安全职责。

案例分享：

下面是一位空乘（小刘）的心声：

人们总认为空乘只要为旅客提供优质的服务，让旅客满意就可以了，可当我真正成为一名空乘后，才深深体会到保证客舱安全是做好服务工作的重要前提，做好服务工作需要细心、耐心，而确保客舱安全则更需要强烈的责任心。如果没有这种时刻把安全放在第一位的牢固意识，也许我们就会忽略很多发生在客舱中的安全隐患。

1. 地面安全检查细致到位

每一名空乘都知道上飞机后的第一件事就是要检查各自所在区域的紧急设备是否在待用状态，是否完好以及各个紧急设备的所在位置，当然这也包括了各种紧急设备的使用方法和注意事项，这是为了保证在遇到紧急情况下我们能够有效采取各种措施，也是杜绝安全隐患的有效方式之一。

2. 地面清舱认真落实

地面工作的另一方面是要保证在旅客上机前，清除飞机中的任何外来人和外来物，这是预防各种人为突发事件的第一步，对于任何可疑人和可疑物都要在地面彻底处理，以防在空中发生各种意外事件，保证空防安全。

3. 注意观察上机旅客

一名优秀的空乘人员要善于在旅客上机时就认真观察每位旅客，对他们的一举一动都要记在心里，善于分析，从而尽量杜绝可疑人员。从他们登机到入座，到最后下机，都要细心、耐心，在服务的同时更重要的是观察他们，了解他们，让他们在工作人员的“眼皮”下，享受高品质服务。

4. 制止超大行李进客舱

国外的许多机场都有一套行之有效的管理措施，制止超多超大行李进客舱，然而在国内的许多航班中，旅客携带超多超大行李登机却成了顽症，尤其是客座率高的热门航线，屡禁不止。许多旅客为了自己方便往往将行李拿进客舱并堆放在空座位或地板上，导致因飞机遇到强烈颠簸，行李飞起砸伤旅客或散落在过道上的事件时有发生。试想，如果发生紧急撤离的情况时，这些行李散落在过道上或是紧急出口处会是什么样的结果？超多超大行李带进客舱而无法存放在行李架内，会带来很多隐患：一方面会给飞机起降配载数据带来错漏计算隐患，势必影响飞机的起降；另一方面对飞机遇到紧急迫降会带来极大威胁。紧急撤离时客舱准备工作最关键的是要将所有浮动物品固定好，紧急出口处和过道上不得有任何障碍物品。如果客舱里行李过多过大，易散落四处。放在座椅或地板上的行李在颠簸时易抛砸伤附近的旅客。因此，乘务员在迎客时应该在行李上严格把关，对于超大行李要及时办理托运，随时检查紧急出口和通道中是否堆积行李，绝对不准许有任何松懈行李。

5. 安善安排特殊旅客

将成批行动不便的老人、无人陪伴儿童或小学生被安排在同一架航班上，甚至将他们中的一些人安排在紧急出口处，这些现象都是严重的安全隐患。对于什么样的旅客可以安排在紧急出口，什么样的旅客不可以安排在紧急出口，一个航班上最多有几名婴儿几名轮椅旅客，甚至一排中只能安排几名婴儿、几名轮椅旅客，这些民用航空运输规则都有明文规定。所以，要杜绝这种安全隐患就应该严格按照规定执行，对每个细节都没有可商量的余地。这样才能防患于未然。

6. 卫生间的检控

乘务员在每次清洁卫生间时，不仅仅是在保持它的清洁，更重要的是要观察和发现是否有吸烟现象，是否有浓烈的烟味，周围是否有烟头。因为吸烟是引起客舱起火的原因之一，飞机是一个全密封性空间，机上有大量制氧设备，因此只要出现火源就有着火的可能。乘务员只要发现有一点征兆就应该及时采取措施，一定要找到烟头并随时提醒旅客不要吸烟，并阐述其严重性。因为如果旅客没有完全把烟头熄灭，如果乘务员不能及时发现旅客抽烟，那等到烟雾报警器工作时可能就已经很被动了。

7. 谨慎检查和操作厨房设备

厨房是乘务员最应当细心的地方，那里电源多、设备多、柜子多、东西多、餐车多。各种因素都存在着安全隐患。厨房失火，电源跳闸，餐车冲出厨房，人员砸伤都曾经出现。所以每个乘务员无论是否是厨房乘务员，在进入厨房时都要用心地检查一遍厨房，简单的一个巡视就能杜绝很多隐患，不只是在起飞降落时要关闭各种电源，扣好各个锁扣和柜子，要养成一个随手拿东西随手扣好锁扣和柜子的习惯。在使用厨房设备时也要谨慎，严格按照各个设备的使用方法操作，绝不能偷懒省事。

8. 格外小心餐车在客舱中的使用

餐车是在客舱服务的重要工具，但也经常出现安全事故，撞伤和烫伤旅客时有发生。因此在送餐饮时，每当餐车停下时必须踩刹车，这是我们必须养成的习惯，当餐车在外时一定要有人看管，在推出餐车时一定要及时提醒旅客小心，注意观察是否有旅客身体在通道外，在送水时要时刻提防不要烫伤旅客。这些都是需要我们时刻提醒自己的一个个细节。

9. 严格按照规定操作分离器

严格按照规定操作分离器是最为安全的：一口令，二操作，三自检，四互检。

在外站停留时，如果舱门没有衔接物也要注意挂上门栏警示绳以防有人员损伤。

当然，要预防客舱中的安全隐患不仅仅是这些，作为一名新乘务员需要学习的知识经验还是很多的，从这一个月的工作中我已深刻体会到自己的诸多不足，体会到了有那么多的前辈值得我学习，能和他们在一起工作、学习自己也特别的开心。预防安全隐患需要我们从每个小细节中慢慢做起，需要我们的细心、耐心、责任心；需要我们心到、眼到、口到、手到，我想只要我们时刻在提醒着自己，时刻在关注着，那么我们每一个航班都能平安愉快——飞越，用心而至！

练习题

1. 机长的安全职责有哪些?
2. 乘务员的安全职责有哪些?
3. 航空安全员的安全职责有哪些?

第六章　客舱安全运行规则

教学目标

1. 了解客舱安全运行的一般规定。
2. 了解各类标示的位置、客舱内物品的安全规则。
3. 了解飞机在颠簸情况下通信及处置的程序。

第一节　机组权限与客舱安全运行的一般规定

一、机长权限

（1）航班飞行期间，机长负责操作飞行器和指挥机组，并对旅客、机组成员、货物和飞行器的安全负责。

（2）航班飞行期间，机场对飞行器的运行拥有控制权和管理权，并对飞机和旅客的安全具有最后的决定权。

二、客舱乘务员权限

（1）协助机长保证旅客、客舱和货物的安全。

（2）完成服务工作，保证服务质量。

（3）整个航班飞行期间，团结协作，保证航班正常。

三、客舱乘务员有效证件

客舱乘务员在执行航班任务时，应该携带齐全航空人员体检合格证、中国民用航空客舱乘务员训练合格证、中国民用航空空勤登记证、中华人民共和国因公护照等有效证件。

四、机组供餐要求以及饮用含酒精饮料的规定

飞机上供应的旅客餐饮和机组成员餐饮是在经过民用航空卫生部门检验合格的规定航空食品配餐公司加工制作的。为了保证机组成员上配备餐食的质量以及安全，航

空卫生食品规定对其生产流程、食品卫生质量、温度控制、生产加工环境、清洗消毒设备、设施等有着极为严格的要求。机上餐饮卫生质量引起的食物中毒或者身体严重不适会影响机组人员的工作能力，进而影响飞行安全。

（一）机组供餐

空中供餐食，原则上应该为机长和副驾驶提供不同的餐食。如供给的餐食类别相同时，应该要求机长和副驾驶的进餐时间间隔至少保持 1 小时。在飞机上，机组餐食不能加温、冷却后再加温。机组餐热食的加工程序是熟食—冷却包装—放入冷藏室—出库装车—装上飞机—烤箱加热，为了保证餐食质量和食用安全，机组人员不能食用二次加温的餐食。

（二）酒精饮料

（1）在计划飞行前的 12 小时内，任何机组人员不得饮用任何含酒精的饮品；公司在知晓该人员在 12 小时内饮用过含酒精的饮品时，不得允许其上岗或者继续进行工作。

（2）如果机组人员体内的酒精浓度达到或者超过 0. 04 克/210 升以上，或者在酒精作用状态下，不得上岗或者继续留在岗位上进行工作。

（3）机组人员在工作过程中，不得饮用任何含酒精类的饮品。公司如果知道该人员在工作过程中饮用含酒精饮品，不得允许其继续进行工作或者上岗。

（4）机组人员穿着制服时，不得饮用含酒精的饮品或者进入提供酒精饮品的酒吧（餐厅除外）。

（三）执行任务前的健康要求和不得参加飞行的各种情况

客舱乘务员在履行公共航空运输任务的相关职责时，其自身健康和精神状态对航空安全责任重大。因此，增强机组成员对自身健康的自我保障责任是必要的。

（1）在身体状况发生异常变化，可能不符合航空人员体检合格证相关医学标准时，应该及时报告并咨询航空医师，不得隐瞒或者自行采取医疗措施。

（2）在执勤前和执勤中，不得使用可能造成生理异常或者影响正常工作的药物，但航空医师确认的不影响正常履行职责的治疗药物除外。以下是可能对分行能力产生消极作用影响的药物：止痛剂、治喘息药、抗生素（软膏除外）、抗胆碱能剂、抗凝剂、止吐剂、防晕机药、止痒剂、强心剂、利尿剂、痛风药、胰岛素、降压药、麻醉药、镇静剂或者兴奋剂。

（3）当客舱乘务员精神受到刺激，表现出非正常精神症状，包括情绪不能控制、异常焦虑、极度紧张、意识行为障碍等时。如果在航班准备时出现，应该立即向相关值班人员报告，取消其当日航班，必要时，应通知其所属乘务队、家属、航空医师。在飞行过程中出现此类现象，应该立即报告机长，解除其担任的执勤责任，其职责由既定的其他组员承担。必要时，应派专人负责看护该名客场乘务人员。

五、机组人员携带及使用药物规定

（1）机组成员不得使用或者携带鸦片、海洛因、甲基苯丙胺（冰毒）、吗啡、大麻、可卡因以及国家规定管制的其他能够使人形成瘾癖的麻醉类药物和精神药品。公司不得安排使用或者携带上述禁用毒品和药品的人员进行工作。该人员也不得为公司承担工作。

（2）国家对麻醉药品药用原植物以及麻醉药品和精神药品实行管制。任何单位、个人不得进行麻醉药品药用原材料的种植以及麻醉药品和精神药品的实验研究、生产、经营、使用、存储、运输等活动。

六、机组指挥权的接替

飞行人员能力丧失包括：突然死亡、不明显的局部失去意识或者体能的情况等。这些情况在所有年龄段和所有飞行阶段都可能发生。

（1）飞行机组成员应该严格执行公司相关手册的程序。飞行成员对任何有关严重偏离公司相关手册程序的提醒或者喊话不能迅速反应并采取措施时，其他飞行机组成员应怀疑其可能出现了能力丧失或者部分丧失的情况。

（2）如果一飞行机组成员对机组其他成员的第二次讯问仍无反应，飞行机组其他成员可判定其丧失能力。

（3）如客舱乘务员多次以正常以及应急方式均无法与驾驶舱取得联络，可判定飞机机组成员已丧失能力。

（4）如果飞行机组中有成员能力丧失，客舱乘务员应根据其他机组成员的指令进入驾驶舱进行协助处理：①使用飞行机组人员氧气面罩，协助能力丧失的飞行员戴上面罩并调整氧气至100%供氧；②将能力丧失的飞行员拉进其座椅，双臂交叉放于安全带下面，帮助其系紧并锁定安全带，将座椅靠背向后调至最大限度；③如果条件允许，可将能力丧失的飞行员移出驾驶舱进行急救；④视情况广播寻找医务人员，但需要注意避免使用会引起旅客紧张或者恐慌的语言；⑤如飞行机组认为有必要，可以根据其要求选派一名客舱乘务员进入驾驶舱协助进行相关工作。

（5）飞机上由机长负责飞行安全，所有人员必须听从机长的指挥。一旦机长或其他机组成员丧失行为能力时，按照以下指挥接替顺序确定指挥权接替人：责任机长；第二机长；副驾驶；机械员、报务员；乘务员；按飞行年限排序的所有其他客舱乘务员；援助者。

七、进出驾驶舱的规定

（一）人员限制

以下人员在符合规定的情况下可以进出驾驶舱

（1）机组成员。

（2）正在执行任务的民用航空局监察员或者民用航空局委任代表。

（3）得到机长允许并且进入驾驶舱后对安全运行是必需有益的人员，主要包括：机务维修人员；飞行签派人员；航空气象人员；航行情报员；空中交通管制员；公司雇佣飞行人员。

（4）经公司特别批准并经机长同意的其他人员，主要包括：公司安全运行检查员，需要跟踪检测有关设施设备的人员，飞行制造厂家的有关技术人员。

（二）被准许进入驾驶舱的非机组人员要求

应当在客舱内为被准许进入驾驶舱的非机组人员提供其使用的座位，但下列人员在驾驶舱有供其使用的座位时除外：

（1）正在对飞行操作进行检查或者观察的民用航空局监察员或者经授权的民用航空局委任代表。

（2）民用航空局批准进行空中交通管制程序观察的空中交通管制员。

（3）公司雇佣的持有执照的航空人员。

（4）经公司批准的其他雇员，其职责与飞行运作的实施或计划，或者空中监视飞机设备或者操作程序直接有关，进入驾驶舱对于完成其任务是必需的。

（5）经公司批准的该飞机或者其部件的制造厂家技术代表，其职责与空中监视飞机设备或者操作程序直接有关，进入驾驶舱对于完成其职责是必需的。

（三）进入驾驶舱人员的查证方法和程序

（1）得到机长允许并且进入驾驶舱对于安全运行时必需或者有益的人员，应该向机长提供以下个人证件资料：个人有效身份证件、由公司相关部门核发的允许该次飞行进入驾驶舱的批准书、有民用航空局颁发的相关执照、公务乘机证明。

（2）经公司特别批准，并得到机长允许而且进入驾驶舱对于安全运行时必需或者有益的人员，应该向机长提供以下个人证件资料：公司总经理或者运营副经理签发的准许该次进入飞行驾驶舱的批准书、个人有效身份证件。

（3）进入驾驶舱人员证件材料的查证方法：由允许在该次飞行进入驾驶舱的人员，将证件材料交给当班乘务长，当班乘务长按照进入驾驶舱的规定程序，将证件材料递交给机长审核。

八、飞行中的要求

（1）在飞行期间驾驶舱门应保持全程锁闭，客舱乘务员必须对驾驶舱附近保持警惕，严禁无关人员靠近驾驶舱。

（2）飞行期间如未得到驾驶舱的内话通知，客舱乘务员不得进入驾驶舱。

（3）离开时，应该通过驾驶舱门上的观察孔观察外部情况，确认安全后方可打开驾驶舱门。

第二节　各类标示的位置、客舱内物品的安全规则

一、旅客告示

飞机客舱里的旅客告示是一种安全提示，这种告示的控制在驾驶舱，由飞行机组成员负责接通或者断开。

(一)"系好安全带"告示

在飞行过程中，有时会发生不可预料的突发情况，如飞机遇晴空颠簸，飞行员是无法事先预判的，若旅客未系好安全带，往往会导致不同程度的受伤，甚至造成严重的后果。因此，有如下规定：

(1) 每次起飞之后，即使在"系好安全带"信号灯熄灭后，客舱乘务员仍应该广播提示旅客，就座时应该继续系好安全带。

(2) 在滑行期间，客舱乘务员除完全保障飞机和机上人员安全的任务外，其他时间应坐于其执勤位置上并系好安全带。

(3) 飞行中，遇到较严重的颠簸时，客舱乘务员应视情况检查和督促旅客系好安全带，本人也应尽快入座，系好安全带。

(4) 在夜间飞行时，客舱乘务员应提醒要睡觉的旅客系好安全带。

(5) 飞机紧急下降时，旅客和客舱乘务员都要系好安全带。

(二)"禁止吸烟"告示

根据中国民用航空运行规则中的相关条款，所有国内、国际航班是禁止吸烟的，"禁止吸烟"信号灯位于每位旅客座椅上方的天花板上，在整个飞行过程中"禁止吸烟"信号灯保持常亮。

(1) 对违反禁止吸烟规定的旅客的处置：

如果发现有违反禁止吸烟规定的旅客，应当立即要求其停止吸烟，如果旅客当即停止，不再追究其责任。如果旅客还继续吸烟，乘务员应说服和规劝其不要继续吸烟，并且向乘务长报告。

如旅客不听劝阻，态度恶劣，还继续吸烟，要对他讲明此事将报告给机长，并明确指出此行为是严重的行为不当。

一旦该事情报告给机长，就要将旅客的姓名和座位号记录在机上事情报告中。在到达第一个降落站时，机长有权要求地面安排适当的公安人员在登机口接机。

(2) 为了防止旅客在洗手间吸烟，以及在洗手间发生烟雾时及时发出警告，每一个洗手间内都装有烟雾报警器，其上标明"严禁破坏洗手间烟雾探测器"的明显标志，

洗手间内还有“请勿吸烟”的明显标志，警示旅客不得在洗手间内吸烟。

（3）如果有人违反规定在飞机上吸烟，乘务员要做如下记录：吸烟者的姓名和地址、吸烟者的身体特征描述、吸烟者的座位号、吸烟者的登记地点和目的地；证人的姓名、地址和电话；是否按规定让旅客做了简要介绍，做介绍时该旅客在飞机上的表现；“禁止吸烟”的信号灯是否接通；简要、客观地做事情记述，登记航班公司名称，航班号和日期。

（三）飞机标记和标牌的文字要求

飞机上所有对旅客进行提示、警告和通知的文字标记和标牌应当至少有中英文表述，如“救生衣在您的座椅下方/LIFE VEST IS UNDER YOUR SEAT”等。旅客可能使用的机上所有应急设备的操作、使用说明应当至少有中文表述，如救生衣、氧气面罩等。

二、客舱内物品的安全规则

飞机客舱内衣帽间、行李架可以放置行李物品，为了保证客舱安全，不同的物品有不同的放置要求。

（一）手提行李的安排要求

（1）航空公司允许旅客携带手提行李登机，应当按照运行规范内的手提行李程序对每个旅客的手提行李进行检查，以控制其尺寸、重量和数量。如果旅客的手提行李超过运行规范内手提行程序规定的允许量，则该旅客不得登机。允许带入客舱的手提行李规格如表 6－1 所示。

表 6－1　允许带入客舱的手提行李规格

舱位等级	件数	体积/件	重量/件
头等舱	2	≤20 厘米×40 厘米×55 厘米	≤5 千克
公务舱	2	≤20 厘米×40 厘米×55 厘米	≤5 千克
经济舱	1	≤20 厘米×40 厘米×55 厘米	≤5 千克

（2）不能封闭的衣帽间仅能用来放置衣物，不能放置大件行李。由于衣帽间是用布帘子作为隔离且不能将行李物品封闭，因此适于放置衣物以及一些轻便的物品。衣帽间都标有地板承重标准以及重量限制，在放置行李时要严格执行规定，如地板的承重限制是每平方米 30 公斤。

（3）手提行李不能放置于洗手间，飞机客舱内的每个位置根据其使用范围都有地板承重的限制，洗手间只能承受一位旅客的重量，如果放置行李势必会超过地板承重的负荷，并且影响旅客的使用。

（4）在飞机滑行、起飞和降落前，乘务员要确认每件行李是否都妥善储存好，过道上是否有旅客的行李。飞机客舱安全要求所有行李必须放置妥当后飞机才能起飞，这也是客舱乘务员安全检查的重要内容之一。

（二）厨房物品的安排要求

（1）所有的食物、客舱服务供应品都应该放置在装机规定的区域且保证已经被固定好，不会因为起飞、颠簸、下降而滑出。厨房是放置为旅客提供的餐饮等物品的场所，也是乘务员的工作场所。每一个储物柜、每一辆餐车使用完后必须归位并且扣紧。乘务员必须养成随手拿取随手关门并扣紧的习惯，否则，可能会有松动的物品掉下，轻则砸坏地板，重则伤及旅客。

（2）飞机上的烤箱是用来加温餐食的，在烤箱不工作的状态下，严禁存放任何服务用品，如毛巾、报纸等易燃物品。烤箱是飞机上的电气设备，如果因为使用不当而引起失火，就有可能酿成事故。

（3）如有空餐车位也不能放置旅客手提行李。手提行李需要放置在相对可以固定的地方，比如行李架上和旅客座位下面。如果行李放在厨房而没有固定装置，则存在安全隐患。

三、便携式电子设备的禁用与限制

（一）严格限制使用电子设备

民用航空法规定严格限制在飞机上使用电子设备，以防止干扰机组通信，影响飞行安全。电子设备的使用可分为全程禁止使用和空中允许使用两类。

（1）从关闭舱门时刻起至结束飞行打开舱门时刻止，禁止使用如下电子设备：移动电话（随着科技进步，部分航班能够有限制地使用移动电话），对讲机，遥控玩具和其他带遥控装置的电子设备，调幅/调频无线电。

（2）当飞机在空中飞行时可以使用个人计算机包括鼠标器，但飞机起飞和下降期间必须关闭。

（3）下列设备在飞机上使用不受限制：助听器，心脏起搏器，电子神经模拟器，电子表，电动剃须刀，生命保护装置，经批准的机载娱乐设备。

（二）机组人员责任

（1）在飞行期间，当机长发现存在电子干扰并怀疑该干扰来自机上旅客使用的便携电子设备时，机长和机长授权人员应立即要求其关闭这些便携电子设备。

（2）情况严重的应当在飞机落地后移交地面公安机关依法处理。当旅客不听劝告继续使用限制的电子设备时，航空安全员、客舱乘务员应立即强制其关闭电子设备，并按照相关处置程序进行处理。

四、客舱儿童限制装置的要求和使用程序

儿童限制装置主要指婴儿摇篮、儿童车、床等用品。由于这些儿童用品需要一定的空间放置，为了确保安全，对其放置也有一定的限制。

（一）不允许用来放置儿童限制装置的位置

（1）任何过道位置都不允许放置儿童限制装置。

（2）在应急出口位置一排上的任何座椅，在应急出口座位前面一排或者后面一排的任何座椅，不允许放置儿童限制装置。

（二）允许用来放置儿童限制装置的位置

在飞机的中央或中间座位但不得妨碍其他旅客，必须安排在面向机头的位置，一个成年人只能监护一名使用限制装置的儿童，每一个两周岁以上的儿童必须单独使用经批准的安全带。

（三）其他情况

如果没有空余座位供其使用儿童限制装置，或其他使用的限制不符合飞机座位大小要求，则儿童必须由成人抱着，儿童限制装置必须安全储藏或者托运。

五、其他监控程序

民用航空班机对乘坐飞机的残疾旅客使用的辅助设备也有明确的规定，比如行动不便旅客的轮椅以及手杖等。由于客舱空间有限，而轮椅所需要的空间较大而且必须固定，各航空公司对于轮椅的放置位置有不同的要求，一般情况下只允许有一辆轮椅可以带上客舱并且放置在封闭的衣帽间内。大部分需要轮椅的旅客在候机楼办理乘机手续时就可以申请特殊服务，把自己的轮椅办理托运，机场专门备有轮椅把需要服务的特殊旅客送上飞机或者接下飞机，旅客到达目的地后取出托运的轮椅就可以使用。

第三节　颠簸情况下通信及处置的程序

一、概述

空气在较大范围的运动中还有许多局部升降涡旋等不规律运动，这种不规则的空气运动，气象学上称为扰动气流，或者叫乱流。飞机在飞行中遇到扰动气流，就会产

生颠簸、上下抛掷、左右晃动，造成操纵困难、仪表不准等现象，这就是飞机颠簸。

飞机颠簸是由于与飞机尺度相当的那部分涡旋造成，这种乱流被称为“飞机乱流”。飞机颠簸除了与涡旋尺度有关外还与涡旋频率有关。如果涡旋的作用频率与飞机机翼的自然振动频率接近，就会发生共振，颠簸会显著加剧。

在飞机中，根据飞行员的感觉和目测的飞行状态的异常程度，一般把颠簸强度分为四个等级。

（1）轻度：飞机轻微地和有间隙地上下抛掷，空速表指示时有改变。

（2）中度：飞机抖动、频繁地上下抛掷、左右摇晃、颠簸同，操纵费力，空速指针跳动达到10公里/小时。

（3）严重：飞机强烈地抖动，频繁和剧烈地上下抛掷不止，空速指针跳动达到15~20公里/小时。

（4）极度：可能发生飞机结构损坏。

二、非预期的颠簸

当中度或者严重的颠簸意外发生时，客舱乘务组应：

（1）立即坐在最近的座位或者乘务员座位上，系好安全带和肩带。

（2）通过旅客广播系统指示旅客系好安全带。

（3）不要试图固定厨房的松散物品。

（4）如果在一段时间之后没有颠簸发生而“系好安全带”指示灯依然亮着，则客舱乘务员可以主动与驾驶舱机组联系，以确定重新开始履行职责是否安全。

三、预期的颠簸

当驾驶舱机组成员通知预计有颠簸发生时，客舱乘务长应做好以下三个方面的工作：

（1）询问可能发生颠簸的时间，颠簸的预期强度和持续时间，“颠簸结束”信号以及其他任何具体的信息。

（2）乘务长及时把颠簸信息传达给客舱乘务组全体成员，并要求各个号位乘务员做好相应的准备。广播通知旅客回到原座位并且系好安全带。

（3）所以客舱乘务员应该落实以下安全检查：①确保所有旅客坐在座位上并系好安全带；②婴儿和儿童应被固定在经批准的儿童固定装置或者座位上；③确保所有的洗手间无人；④客舱乘务员检查客舱内无任何易松动或者滑落的物品，检查行李架都在扣好状态；⑤厨房乘务员整理好服务用品并放置在储藏柜或餐车内可以封闭的合适位置，把餐车、水车推回原存放位并踩好刹车；⑥乘务员坐在指定的乘务员座椅上，系好安全带和肩带，直到驾驶舱机组给出“颠簸结束”信号为止；⑦当“颠簸结束”信号发出后，检查旅客和客舱的情况；⑧无论任何飞行阶段，“系好安全带”指示灯亮后，客舱乘务员应该广播通知旅客系好安全带。

四、颠簸强度标准和处置程序

（一）轻度颠簸

飞机反应瞬间的高度和姿态会有微小变化，座位上的人感觉被座椅安全带轻微拉紧；没有固定的物品发生小的移动，并且杯中的液体发生摇晃，但没有泼溅出来，食物发放服务可以进进行。这种情况下机长根据判断打开“系好安全带”指示灯；乘务员核实旅客是否遵守“系好安全带”指示灯的要求，核实婴儿和儿童是否安全地坐在经批准的座位上；小心地继续服务。

（二）中度颠簸

飞机反应出现高度或者姿态变化，出现空速波动，但飞机仍处于绝对的受控制状态。座位上的人明显地感觉被座椅安全带拉紧，没有固定的物体发生移动，饮料从杯中泼溅出来，人员行走和移动手推车非常困难；机长打开“系好安全带”指示灯；用旅客广播指示旅客系好安全带；与客舱乘务组通信确定服务限制，客舱乘务员停止服务；如果情况允许，核实旅客是否遵守“系好安全带”指示灯要求；固定客舱和服务用品，调整并设置好手推车刹车；如果情况允许，核实卫生间是否有人；在最近的旅客座位或者乘务员座位上坐下，如果不能坐到座位上，则坐在地板上并扶好。

（三）重度颠簸

飞机发生突然、大的高度或者姿态变化，通常出现大的空速波动；飞机可能会有瞬间的失控；事后要有详细的维护记录，并对飞机做必要的检查。座位上的人受到座椅安全带强烈的拉力作用；未固定的物体被抛起或离开地板；人员无法行走，如果没有把扶支撑物，人员也无法站立；机长打开“系好安全带”指示灯；如果可能，通过广播指示旅客和客舱机组在座位上坐好；机组乘务员进行旅客广播或呼喊指令，指使旅客系好安全带；颠簸过后，向驾驶舱机组报告客舱情况和人员受伤情况。

（四）极度颠簸

飞机被强烈抛起，实际上飞机无法被控制；可能发生飞机结构损坏；事后要有详细的维护记录，并对飞机做必要检查。座位上的人受到座椅安全带强烈的拉力作用；未固定的物品被抛起或者离开地板；人员无法行走，如果没有把扶支撑物，人员无法站立；机长打开“系好安全带”指示灯；如果可能通过广播指示旅客和客舱机组在座位上坐好；机组乘务员进行旅客广播或呼喊指令，指使旅客系好安全带；颠簸过后，向驾驶舱机组报告客舱情况和人员受伤情况。

练习题

1. 在飞机上的任何人应当遵循的“禁止吸烟”规定有哪些？
2. 手提行李安排的范围及相关限制是什么？
3. 飞机在空中颠簸的等级及乘务员相应处置程序有哪些？

第七章　客舱安全运行程序

教学目标

1. 了解飞行各个阶段的安全程序。
2. 了解乘务员如何实施飞行前准备开始到结束整个客舱安全运行的全过程。

第一节　飞行前安全准备

飞行前安全准备是执行航班任务的飞机机组、乘务组和安全员在飞行前一天或者飞行当天需要进行的相关准备，目的是为了更好地、有效地实施航班各项安全保障和服务保障。

一、执勤签到

执勤签到是按照航空公司规定的时间在航班起飞前多长时间到规定地点签名，证实乘务员已经到达并可以执行航班任务。乘务员航前签到要在规定的地点、规定的时间完成。签到的形式有网上签到和在指定的签到表上签到。例如，航空公司规定乘务员必须在航班起飞前 2 小时 30 分钟到乘务值班室签到，而乘务长在检查本组成员是否已经全部到位时发现有位乘务员已经过了签到时间还没有签到，就必须马上通报值班人员及时处理，而不能代替签到。

二、准备会要求

乘务长必须在每个航前准备会上用流利、通用的语言向乘务员下达明确的任务要求。国内航空公司的准备时间为 23 ~ 30 分钟。通常包括以下内容：

（1）乘务组互相介绍。

（2）确认所有乘务员持有有效的证件及《客舱乘务员手册》。

（3）提供飞行信息，如起飞地、预计的旅客人数、飞机动态、飞行距离、飞行时间、机组人员情况等。

（4）安全方面的要求，如设备检查、行李控制、出口操作、所有通信系统安全演示。

（5）回顾应急程序与其他安全措施。

（6）各项规定、服务要求等。

三、与飞行机组协调

乘务组与飞行机组是共同保障航班生产的一个整体，在航班起飞前需要与飞行机组进行协调，机组协调的目的是为了促进机组成员的沟通，提高机组成员间的团队精神，保证飞行安全。

乘务组首先要确认飞行任务书，了解当天所飞航班的飞机号，了解机长姓名，核对乘务组名单、机组名单是否有其他随行工作人员。飞行任务书也可以称为是一份飞行文件，包括了很多的项目和内容，除了所有执行该航班的机组成员、乘务组成员以及安全员的姓名外，还有执行航班的飞机号、每个飞行航段的起落时间、每个航段在机场的加油量、每个航段的旅客人数、该航班的总飞行时间等。

乘务长需向机组了解当日执行航班的航路天气状况等，协调结束后，乘务长需将机长要求及航路天气状况等信息迅速传达给组员，提前做好服务程序调整及非正常时间的处置预案。

第二节　旅客登机前客舱安全检查

一、设备检查

（1）客舱乘务员每次登机后，应按照安全设备检查单检查应急设备和客舱设备。

（2）检查安全带和“禁止吸烟”信号灯设施。

（3）检查旅客座椅背后的安全须知卡、出口座位须知卡是否与该机型匹配，备份须知卡是否在位。

（4）检查飞机电子设备是否良好。

（5）检查应急撤离系统是否完好。

（6）检查餐车制动装置是否正常，如果餐车刹车装置失效，就不能在客舱服务时使用，需要更换或者做好记录。

（7）检查洗手间是否可以正常使用。

二、清舱检查

（1）在每一航段旅客登机前和下机后，客舱乘务员都应确认客舱内无与飞行无关的人员，任何登机人员必须出示有效证件。

（2）客舱乘务员应配合安全员在每一段旅客登机前对驾驶舱、厨房、卫生间、行李架、储物柜等位置进行必要的清舱检查，逐一打开所有储存空间，确认客舱各部位无不明性质的外来物。

（3）重新配餐时，客舱乘务员应确认餐车、用具箱无不明性质的外来物，如发现有不能开启的容器或者餐具，应报告乘务长。

三、应急设备检查

客舱乘务员登机后，必须检查核实应急设备的位置，确认其处于待用状态。

（1）应急箱、应急医疗箱在有效期内，铅封完好。这类药箱的作用是飞机发生应急情况时对受伤者进行处理。

（2）灭火器在有效期内，铅封完好，压力正常。飞机上一般配有海伦和乙二醇水两种灭火器，分别装在客舱的各个位置。海伦灭火器主要用于电器、油类失火，一般安放在厨房附近。

（3）氧气瓶压力正常，面罩完好且匹配。这类氧气瓶是指可以移动的氧气装置，分别放在前后服务舱及客舱行李架上。对于活动氧气瓶，在客舱释压情况下乘务员首先保障自己使用，再帮助旅客，或者是空中有旅客发病需要吸氧时使用。

（4）检查洗手间烟雾探测器是否在工作状态。洗手间装有烟雾探测器是为了在洗手间冒烟失火的情况下发出警告，避免可能引起的火灾。

（5）检查各个舱门状况是否正常，确保滑梯压力指示针在绿色区域内。

（6）除了以上几项应急设备的检查以外，还在其他各类应急设备必须在乘务员上飞机后，旅客登机前检查完毕。例如：手电筒在指定位置，工作状态良好；延伸跨水飞行时，救生设备齐全，每位旅客座位下备有救生衣；所有演示设备配备齐全；安全须知说明配备齐全；检查乘务员控制面板的翼上应急滑梯的指示是否处于预位状态；应急发报机在指定位置；加长安全带在位且按规定数量配备。

四、机上餐食安全检查

厨房乘务员检查餐食的标准有以下四项：

（1）厨房乘务员要核对配餐单上标准的餐车和备份箱的铅封号、数量与实际是否相符。

（2）如果发现没有铅封或者铅封被破坏，乘务员应先报告乘务长，并与空中保卫员、航食人员共同检查餐车和备份箱内有无不明物品。

（3）如发现不明物品，则拒绝接受该餐车和备份箱，并要求配餐公司对餐车、备份箱进行更换。

（4）为了保障食品质量，在检查餐食时有两点需要特别注意：①生产日期：乘务员检查餐车内的餐盒封条上是否标注当日生产日期。②封条，如无餐食封条或者封条破损，应立即要求配餐公司对餐食进行更换，也可以在备份餐食数量充足的情况下确保为旅客提供封条完好的餐食，并报告乘务长。

第三节　旅客登机时的安全程序

一、登机时要注意的问题

旅客开始登机时，乘务员除了要做好迎接客人的服务工作以外，还必须要注意几个与安全有关的问题：

（1）确认旅客登机时的乘务员站位。

（2）在客舱内，适时为登机旅客提供帮助。

（3）帮助并向需特殊照顾的旅客做个别简介。

（4）确认出口座位旅客，根据需要简单地向旅客介绍出口操作方法以及操作前后的注意事项，提醒旅客阅读应急出口座位须知卡和安全须知卡。

（5）确认客舱中带婴儿旅客座位上方有充足的氧气面罩分布。

（6）为头等舱、公务舱旅客提供饮料、毛巾、挂衣服务。

（7）如果时间允许，对所有舱位的旅客提供杂志、枕头、毛毯服务。

二、手提行李控制程序与限制

（1）航空公司允许旅客携带手提行李登机时，应当按照其运行规范内规定的手提行李程序，对每个旅客的手提行李进行检查，以控制其尺寸、重量和数量。如果旅客的手提行李超过合格证持有人运行规范内手提行李程序规定的允许量，则该旅客不得登机。

（2）随身携带物品的重量，每位旅客以 5 公斤为限。持头等舱客票的旅客，每人可随身携带两件物品；持公务舱或经济舱的旅客，每人只能携带一件物品。每件随身携带物品的体积均不得超过 20 厘米 ×40 厘米 ×55 厘米，应能放置于旅客前排座位下面或行李架内。超过上述重量、件数或者体积限制的随身物品，应作为托运行李托运。

（3）乘务员在旅客登机期间不仅要协助旅客为其安排座位，更要监控旅客行李的安放情况。在狭小的行李架上，科学合理、安全稳妥地放置好行李是每一名乘务员必须注意的问题。

第四节　登机门关闭程序

一、舱门关闭前程序

舱门关闭前，乘务长要确认八项工作是否完成

（1）乘务长检查机组人员到齐。机组成员包括飞机机组、客舱乘务组以及与执行

当天航班有关的人员，只要在飞行任务书中有名字的人员都必须到齐。

（2）舱内所有行李已存放在规定的区域。检查确认没有任何行李放置在违反安全规定的位置。

（3）特殊旅客不在应急出口位置。检查确认所有应急出口座位的旅客都符合运行规定并报告机长

（4）检查所有文件是否齐备。

（5）核算所有文件是否与舱单相符。在关闭机舱门前，地面工作人员会送一份舱单给机组，舱单上标明当天航班的旅客人数，包括成人、儿童以及婴儿。乘务员核对的旅客人数必须与地面工作人员核对的人数以及舱单人数一致。

（6）确认机上无外来人员。除了准确的旅客人数以及该到的机组成员外，与该航班无关的人员必须撤离飞机，否则不能关闭舱门。

（7）旅客按照登机牌的号码对号入座。每位旅客的登机牌上都有座位号码，在旅客登机时必须按照座位号码对号入座，这是飞机配载平衡的要求。

（8）关闭舱门。乘务长向机长报告旅客人数、机组人数、特殊旅客和 VIP 旅客情况，得到机长允许后方可关门。

二、舱位预定程序

（1）负责关闭舱门的乘务员必须确认廊桥或客梯车已经远离飞机而不会影响关闭舱门。

（2）关闭前确认舱门上的舱门阻拦绳收好，以免被夹在门缝里而影响客舱部密封。

（3）关闭登机门后，乘务长广播下达所有舱门应急滑梯/分离器预位口令；乘务员按照指令操作，将红色警示带横扣在观察窗；将滑梯杆挂在地板支架上；交叉检查并通过内话机报告乘务长。

三、重新打开舱门的程序

如果因各种原因要求重新打开舱门，应按照下列步骤实施：

（1）乘务长报告机长，取得机长同意。

（2）通知所有客舱乘务员解除滑梯/分离器预位状态，并作互检。

（3）打开舱门时必须由一人操作，同时由一人监控。

（4）登机门重新关闭后，乘务长要立即广播通知所有舱门重新进行滑梯/分离器预位，做交叉检查。

（5）乘务员报告乘务长，乘务长报告机长。

第五节　飞机在滑行前安全程序

一、客舱安全演示

（一）进行安全设备演示

为了确保旅客的旅途安全，每架民用航空运输机上都配有齐全的安全设备，通过乘务员的讲解演示，使旅客知道这些设备的使用方法和重要性。介绍的方法有两种：如果备有录像设备，就可以通过机载放映设备向旅客介绍；如果没有录像，则由乘务员在客舱给旅客示范。

（二）广播及安全演示

当舱门关闭、飞机滑行起飞前，客舱乘务员应对旅客进行有关安全方面的简介。广播时至少使用中、英文两种语言进行；通过广播或录像介绍《限制使用便携式电子设备的规定》和《禁止吸烟的规定》。做演示时乘务员的手势一定要到位，要尽量把细节给旅客展现清楚。如果是通过视频演示，在演示带上讲解的重点要画圈着重标记，重点强调。

（1）在每一航班的每一航段，关闭舱门后，客舱乘务员通过演示或者录像向旅客介绍以下客舱安全规定：安全带的系好与打开方法；应急出口位置及其引导标识灯光；氧气面罩的位置及脱落后的使用方法；禁止吸烟规定；收直椅背，扣紧餐桌；应急情况下滑梯的使用方法；应急撤离路线指示灯；提示旅客安全须知卡的放置位置并阅读安全须知卡。

（2）旅客安全须知卡。是指各航空公司根据各种不同的机型配备与机型相符的带有图标的、至少有两种语言以上的旅客安全须知卡，该卡放置于旅客能够看到的地方，一般放置旅客座椅背后的口袋里。图卡、图表和词语使用国际认知的符号。该卡维旅客提供下列信息：系紧、调整和解开安全带的说明；指示通往最合适应急出口的路线；插图描述打开出口手柄移动的方向；氧气面罩的位置及使用方法；救生衣的使用方法及表明紧急情况下不能在客舱内充气的说明禁止吸烟的规定。

（3）延伸跨水飞行时的简介。在飞机作延伸跨水飞行前，应当保证向所有旅客讲解救生衣、救生筏和其他漂浮装置的位置和使用方法，包括演示救生衣穿戴和充气方法。如果飞机起飞后直接进入跨水飞行，简介应当在起飞前完成。

（4）为残疾旅客做安全介绍。如果飞机上有残疾旅客，乘务员要为残疾旅客做安全介绍。主要内容有：应急出口和备用出口的位置，氧气面罩位置及脱落后的使用，安全带的使用，救生衣的位置及使用，残疾旅客在紧急情况下的撤离程序。

二、使用出口座位程序

（一）对出口座位旅客确认

（1）客舱乘务员确认出口座位的旅客符合要求并报告乘务长。

（2）客舱乘务员在舱门关闭前，必须对坐在应急出口座位的旅客所承担的协助义务进行确认，对于坐在出口座位上不愿意承担协助者义务的旅客或不符合要求的旅客，向乘务长报告并做相应的座位调整。

（3）乘务长向机长报告出口座位旅客的确认情况。

（4）飞行过程中责任乘务员要时刻监控好出口座位，如发现有旅客座位在出口座位应及时评估，对不符合条件的旅客要及时调换，并报告乘务长。

（二）出口座位的安排

飞机上的应急出口是在应急情况下的紧急撤离出口，根据国际、国内运行规则，坐在紧急出口处座位的旅客必须符合承担救援者的条件。所以特别规定不符合条件的旅客不能安排在紧急出口处的座位上。有下列情况的旅客，不得安排坐在出口座位：

（1）行为能力：该旅客两臂、双手和两腿缺乏足够的运动功能、体力活灵活性导致下列能力缺陷：①向上、向旁边和向下达不到应急出口位置和应急滑梯的操作；②不能推、撞、拉应急出口舱门操作；③不能搬动在尺寸和重量上与机翼上方出口门相似的障碍物；④当移动障碍物时不能保持平衡；⑤不能帮助其他旅客使用滑梯撤离。

（2）年龄规定：该旅客不到15岁，或者是身边没有陪伴的成年人、父母或其他亲属的协助，缺乏履行上述一个或者多项能力。

（3）理解能力：该旅客必须能正确地理解乘务员下达的指令。

（4）视力：该旅客必须拥有足够的裸眼视觉能力，不能借助隐形眼镜或普通眼镜。

（5）听力：该旅客必须有足够的听力，不得借助助听器来达到足够的听力。

（6）口头表达信息能力：该旅客必须口齿清晰，不能口吃或语言表达不清。

（三）出口位置旅客更换座位

（1）旅客应该遵守关于出口处座位的限制，如果旅客不能或自己不愿意承担出口座位的相关义务，客舱乘务员应当立即将该旅客重新安排在非出口座位就座。

（2）如果非出口座位已满，客舱乘务员应当将一位愿意并符合出口座位条件的旅客调至出口座位。

（3）出口座位旅客向乘务员提出更换座位要求时，客舱乘务员不得要求该旅客讲明理由。

（4）如果没有符合标准的旅客愿意被换至出口座位，本次航班即被认为过满或超载，要求非出口座位的旅客将被拒绝乘机，承运人给予适当的补偿。

三、飞机移动前安全检查

（1）电子设备的电源置于关闭状态。

（2）旅客就座并系紧安全带，儿童安全带系紧或成人抱好。

（3）对于无人就座的空座位，客舱乘务员应将其座位上的安全带固定好。

（4）行李物品存放妥当，通道、应急出口处不得摆放行李物品，行李架关闭并锁好。

（5）小桌板及饮料杯托收直扣好，座椅背处于垂直位。

（6）旅客座位上无饮料杯、餐具等杂物。

（7）门帘、窗帘打开并固定。

（8）打开遮光板。

（9）行李架扣紧。

（10）确保应急出口、走廊过道及机门附近无任何行李。

（11）洗手间无人占用并锁闭。

（12）固定好厨房餐具、餐车及供应品。

（13）确认烤箱、热水器、厨房灯等电器的电源关闭。

（14）报告机长客舱准备完毕。

第六节　飞机滑行起飞前的安全检查与飞行中的安全要求

一、飞机滑行起飞前的安全检查

乘务组在确认所有客舱安全检查项目全部落实后，注意观察客舱情况，如果发生影响安全的异常情况，要及时报告机长。除为了完成保障飞机和机上人员安全的工作外，客舱乘务员应当在规定座位上坐好并系好安全带和肩带。

在驾驶舱给出起飞信号后离起飞时间只有一两分钟，乘务员必须完成客舱安全检查及各种设备的固定并调暗客舱灯光，及时进行起飞前再次确认的广播，同时注意观察客舱情况，如果发现有旅客在客舱内站立或打开行李架，必须立即用广播提示旅客尽快坐下并系好安全带。

飞机起飞落地是飞行关键阶段，客舱乘务员在各自的座位就座，不能看书报杂志、聊天或者进行与飞行安全无关的事情。

案例分享：

在某上海飞北京的航班上，一架波音客机坐满了旅客，在到达北京的前20分钟飞机开始下降，乘务员播完下降广播，并完成了客舱安全检查。有两位乘务员回到各自

的座位上，并系好安全带。由于天气原因，飞机在北京上空盘旋了40分钟没有办法着陆，坐在客舱右2门的乘务员与左2门的乘务员都睡着了。这时一位坐在乘务员对面座位的旅客推醒了右2门的乘务员，提示这位乘务员此刻不能睡觉，并让她叫醒左2门的乘务员。遗憾的是这位乘务员没有意识到问题的严重性，继续睡觉。事后这位熟知民用航空安全管理规则的旅客向该航空公司提出投诉，认为乘坐这样的航班没有安全感。

二、飞行中的安全要求

（一）飞行关键阶段的范围及安全要求

飞行关键阶段是指飞机在地面运行阶段的滑行、起飞、着陆和除巡航高度飞行以外在3 000米以下的飞行阶段。

1. 飞行关键阶段对客舱乘务员的要求

当飞机起飞后，乘务员广播提示旅客，在飞行全程中就座时要系好安全带。飞机在空中飞行有时会遇有气流引起颠簸，旅客系好安全带可以避免突然颠簸而受到的伤害。在飞机起飞爬高阶段，系好安全带指示灯熄灭前，乘务员不允许进行客舱服务工作。曾经有个航班的乘务员担心完不成工作程序，提前把饮料准备好，飞机还没有平飞就把饮料车推到过道，结果在飞机继续爬升时饮料车倾斜，泡好的咖啡热茶刚好洒在旅客的腿上，致使旅客腿部烫伤。

2. 飞行关键阶段的驾驶舱要求

飞机机组成员不得从事或者承担任何与飞行安全运行无关和可能分散飞机机组其他成员工作精力的活动，机长也不得允许其他机组人员从事以下几种活动：

（1）机组成员在客舱或者驾驶舱进餐。

（2）驾驶舱和客舱机组成员之间进行无关紧要的通话。

（3）联系到达站为旅客预定餐食饮料等物品。

（4）为中转联程旅客确认衔接的航班。

（5）对旅客进行广告宣传广播。

（二）下降程序及安全监控

驾驶舱机组在大约3 000米高度时打开“系好安全带”指示灯，提示客舱乘务员进入飞行关键阶段，这一阶段直到飞机完全停稳为止。客舱乘务组从这个阶段开始应该停止所有的客舱服务。对于所有安全项目的检查没有航线长短及飞机大小之分，直到所有检查项目全部落实，并由乘务长确认检查。

客舱乘务组应进行飞机下降的广播并开始安全检查。乘务员客舱安全检查项目包括：

（1）确认禁止/限制使用的便携式电子设备的电源处于关闭状态。

（2）确认旅客安全带系紧扣好。
（3）婴儿摇篮复位锁定，童车固定。
（4）手提行李存放妥当，行李架锁定。
（5）走廊、应急出口无障碍物。
（6）收起小桌板、调直座椅靠背。
（7）旅客座位上无食品、饮料和餐具。
（8）拉开、扣好门帘。
（9）打开遮阳板。
（10）关断厨房不必要的电源。
（11）固定厨房所有物品。
（12）显示器复位。
（13）检查卫生间是否有人继续使用，关闭卫生间。
（14）调暗客舱灯光。

第七节　落地后客舱安全监控

一、飞机滑行时的安全监控

（1）飞机滑行时，有的旅客会着急离开座位或者打开行李架提取行李，这时乘务员发现后应该用机上广播阻止该旅客的行为，并要求其原位坐好，关闭已经打开的行李架。

（2）确保所有旅客坐在座位上并系好安全带，座位靠背和小桌板处于完全竖起并在锁定状态下，确保行李架没有打开，直到飞机完全停稳机长关闭“系好安全带”指示灯，旅客才可以完全离开座位。

二、飞机到达停机位安全程序

（1）飞机到达停机位，发动机关闭且“系好安全带”指示灯熄灭后，乘务长通过客舱广播系统指令所有区域乘务员解除滑梯预位。

（2）打开客舱灯光，并再次确认滑梯预位解除。

（3）乘务长报告机长。

（4）与地面值班人员确认后，开启舱门，确认客梯/廊桥停稳后，方可让旅客下机。

三、旅客下机后的检查

（1）检查有没有旅客遗留在飞机上的物品。

（2）将有故障的客舱设备填写在“客舱故障记录本”上，供机务维修人员航后维修处理。

（3）关闭除客舱照明以外的其他电源。

练习题

1. 飞行前安全准备的各项流程是什么？
2. 旅客登机前客舱安全检查有哪几个步骤？
3. 旅客携带的手提行李的尺寸和重量分别是多少？
4. 哪些旅客可以被安排坐在安全出口？

第八章　客舱应急处置

教学目标

1. 掌握应急撤离的基本知识：援助者的挑选、防冲撞姿势、跳滑梯姿势等。
2. 熟练掌握有准备、有限时间准备和无时间准备的迫降撤离程序。
3. 熟悉应急时的广播和撤离指挥口令。
4. 熟悉乘务员在应急撤离行动中的组织工作与职责。
5. 掌握客舱失火的处置方法。
6. 了解客舱释压的不同类型并掌握客舱释压的处置方法。
7. 掌握飞机颠簸时的处置方法。
8. 熟悉危险物品的类别，了解处置方法。

在任何情况下，都应把确保旅客和机组人员的人身安全放在第一位，当发生紧急情况危及旅客和机组人员人身安全时，应迅速组织人员撤离危险区，尽可能减少人员伤亡，并立即实施机上的应急行动措施。本章从应急撤离的基本知识，应急迫降和撤离的程序、撤离前的广播、撤离时乘务员应履行的职责以及机上遇到火灾、释压、颠簸和危险物品时的处置等各个方面详细阐述客舱的应急处置。

第一节　应急撤离的基本知识

引导案例：

20 世纪 80 年代，世界上发生了两次严重空难，1983 年，加拿大航空一架客机在美国辛辛那提机场紧急着陆后发现机舱内 46 名旅客中的半数已经丧生。两年后，英国一架飞机在英格兰曼彻斯特机场起飞失败后着火，虽然超过一半的舱门打开了两分钟以上来疏散旅客撤离，但 137 名旅客中仍有 55 人丧生。

美国联邦航空管理局和中国民用航空的相关法规中都要求，任何飞机必须要在 90 秒内完成旅客撤离。美国要求每一架座位超过 44 座的商用客机都必须在半数舱门开启的情况在 90 秒内疏散全部旅客。在一架已经着火即将爆炸的飞机上，大多数旅客需要大约 90 秒钟逃生，以避免烧死或者窒息。

空中客车 A380 飞机，是目前世界上载客量最大的民用飞机，如果一旦出现前起落架断裂，机头着地，机尾将高高扬起，距离地面逃生滑梯的高度将达到 17 米。所以当飞机在遇到紧急情况撤离时，旅客们意识到要从这么高的高空中跳入充气滑梯，是否会恐惧，是否会让撤离现场乱成一团呢?

我们来看两组针对 A380 进行的测试。

在 2006 年 3 月 26 日，空中客车 A380 飞机旅客疏散测试在德国汉堡进行。按照规定，A380 飞机旅客疏散测试是在完全黑暗的情况下进行的，而且只能使用飞机客舱 16 个出口中的 8 个，这些出口在测试前并未告知旅客和机组人员。

空中客车 A380 按照全经济舱的最大容量，组织了 873 名志愿者，包括 20 名模拟机组人员。志愿者中 40% 为女性，15% 的女性年龄超过 55 岁，全部人员中 35% 超过 50 岁。这些志愿者们扮演旅客和 20 名机组人员登上了 A380 客机，然后系上安全带。组织人员将毯子和行李扔得到处都是，模拟出现意外情况后机舱的混乱局面。有些参与者扮演带着婴儿的父母，他们抱着真人大小的假人。

之后，A380 飞机关闭了所有灯光，打开了一半的紧急撤离出口，模拟在空难发生时的场景，滑梯迅速充气，空乘人员竭力高声呼喊：“撤离，撤离，撤离!”

撤离是成功的，853 名旅客和 20 名机组成员仅用 78 秒就全部撤离了飞机，有大概 38 名旅客轻微擦伤，但有一名旅客骨折。这次撤离演示是成功的，舱内旅客虽然紧张但很有序地撤离，但这只是演习，所有参与者都有心理准备。

而后进行了第二次测试，这次测试规定，谁先离开飞机就能得到 5 英镑的奖励。于是，这次撤离有几个旅客很明显疯狂地想要首先冲到门口。5 英镑，竟让一些旅客如此疯狂不遵守秩序。那么一旦机舱里出现烟雾，关乎大家的生命之时，必然会让所有旅客惊慌失措。还有些旅客试图去拿头顶上方的行李箱，因此挡住撤离路线；有的旅客拿着大件行李撤离；有的旅客拥挤踩踏；有的旅客站在滑梯前，不敢跳。这种情况下又该怎么办?

这时，只能依靠机组人员平时的训练和有组织的指挥，同时也必须依靠旅客们自己的安全意识和心理准备。

（来源：民用航空资源网）

一、应急撤离的定义

应急撤离也叫紧急撤离。飞机遇险，机组按照相应预案和应急操作程序，听从机长和乘务长的指挥，快速应对，密切配合，维持客舱秩序，迅速指挥旅客撤离。

二、应急撤离对乘务员的要求

应急撤离对乘务员的基本要求：客舱乘务员在平常飞行中要熟悉客舱的应急设备，对于紧急设备的位置、用途、使用方法、注意事项、出口的位置、撤离路线的划分，都要铭记在心中，牢记应急撤离程序，要有过硬的心理素质。在出现险情时，能临危不乱，能做出正确的判断，及时向机长、乘务长报告，听从机长和乘务长的指挥，快速应对，密切配合，维持客舱秩序，迅速指挥旅客撤离。

三、应急撤离行动的原则

（1）听从机长的指挥。

（2）迅速正确的判断。

（3）准备处置的措施。

（4）随机应变。

（5）沉着冷静。

（6）维持秩序。

（7）团结协作。

四、撤离的出口

飞机应急出口是在紧急情况下供机组和旅客迅速撤离的出口。撤离时根据机长指示和周围环境以及飞机着陆（水）的姿态，决定哪些出口可以用，哪些出口不可以用。

五、逃离方向的选择

陆地撤离应选择在风上侧躲避，远离飞机至少 100 米以外；水上撤离应选择在风下侧，离开燃油区和燃烧区。

六、撤离时间

陆地撤离时间为 90 秒，此时间是从飞机完全停稳到机上最后一个人撤离结点；水上撤离时间一般情况为 20 分钟，最少 13 分钟，机上人员必须在 13 分钟内撤离完毕。

七、挑选援助者

在陆地撤离时，每个紧急出口需要各找三名援助者，乘务员需要挑选合适的援助者，在撤离时协助乘务员一起指挥旅客从紧急出口撤离。

（一）援助者的挑选标准

援助者的挑选要符合的首要原则就是身强力壮。对于援助者，可以简称 ABP（Able Bodied Passenger），最好是以下人士作为援助者：

（1）加机组的机组成员。

（2）军人、警察、消防人员。

（3）年满 18 岁以上，心理和生理健全的身强力壮的男性旅客。

（二）援助者的任务

（1）协助乘务员在撤离时维持秩序、打开出口、疏散旅客。

（2）在撤离时帮助特殊旅客，比如孕妇、抱小孩的旅客等。

（3）在乘务员丧失能力的情况下可以接替工作。

（三）向援助者介绍撤离工作

（1）不要用航空专业术语，一定要用通俗易懂的语言及手势进行指导，并确认援助者已清楚自己的任务。

（2）向其中一个援助者介绍紧急出口的操作方法（什么时候打开，如何打开，以及撤离的口令），并在撤离时和乘务员一起在紧急出口指挥旅客从此门撤离。

（3）当乘务员有任何意外时，接替乘务员的工作。

（4）告诉其中二名援助者首先滑下滑梯，在滑梯的底端协助其他旅客撤离，告知远离飞机。

（5）水上迫降时，两名援助者先上船坐于救生筏最远端，指挥旅客向船头方向俯身爬过去，背对背均匀分布坐下。

八、防冲撞姿势（Brace Position）

防冲撞姿势是当飞机紧急迫降于陆地和水上时，旅客被建议的一种姿势，这种姿势可以减少撞击带来的伤害。

（一）成年人旅客

（1）两腿分开，两脚用力蹬地，双臂交叉，两手抓住前面的座椅靠背，额头放在双臂之上。

（2）如果无法抓住前面的座椅靠背或前面没有座椅，可以弯下腰，双手抓住脚踝，如果抓不到脚踝撑住双膝，把头埋在双膝之中（见图 8－1）。

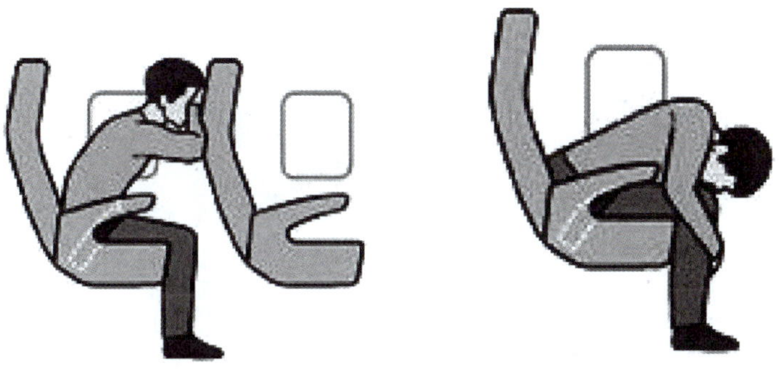

图 8－1　成人防冲撞姿势

（二）怀抱婴儿的旅客

（1）将婴儿斜抱在怀里，坐在靠过道的旅客，婴儿头部不能朝向过道，方向，婴儿面部朝上，旅客弯腰俯身双脚用力蹬地（见图8－2）。

（2）旅客或者一手抱紧婴儿，一手抓住前面的椅背，低下头，双脚用力蹬地。

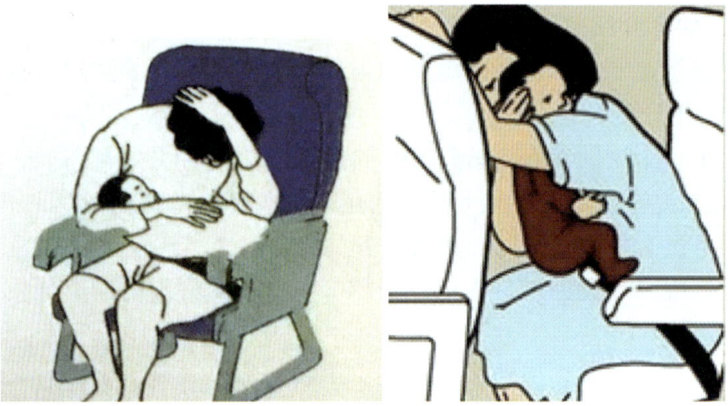

图8－2　怀抱婴儿旅客防冲撞姿势

（三）特殊旅客

特殊旅客，如身体肥胖者、孕妇、高血压患者、身体高大者，要双手抓紧座椅扶手，或双手抱头，同时收紧下颚，低下头，两腿分开用力蹬地。

（四）双脚不能着地的儿童

双脚不能着地的儿童要将双手压在大腿下，手心向上，收紧下颚，低下头，弯下腰（见图8－3）。

图8－3　儿童防冲撞姿势

（五）乘务员的防冲撞姿势

（1）背向飞机头的乘务员座位。系好安全带，双手抓住座椅或双手手心向上放在大腿下，收紧下颚，头紧靠头枕，两脚分开用力蹬地。

（2）面向飞机头的乘务员座位。系好安全带，双手抓住座椅或双手手心向上压在大腿下，收紧下颚，头低下，两脚分开用力蹬地。

（3）当肩带自动锁紧装置失效时。俯下身，头低下放在两膝之间，两手抓住脚踝，两脚分开用力蹬地。

注意：乘务员在客舱进行防冲撞姿势演示时，需要在客舱明显的位置演示，如站在座椅上或坐在座椅背上；对于特殊旅客应进行个别的指导（见图 8 –4）。

图 8 –4　乘务员的防冲撞姿势

知识拓展：

为什么在飞机紧急迫降时我们要做好防冲撞的姿势？

因为人在受到冲击时，会迅速前倾而撞上物体，这种防冲撞姿势能减小四肢以及头部动作的距离，可以有效地防止冲击发生时腿部因摆动而撞伤，并减少头部受重伤的危险。

根据英国每日电讯报的报导，很多人对防冲撞姿势有不同的看法，英国航空训练长史蒂夫欧瑞表示，目前许多航空公司采用的防撞姿势确实拯救过无数生命。英国最近一次针对防冲撞姿势的改良是 1989 年英伦航空空难后机舱的研究结果。这起空难造成机上 126 位旅客中 47 人不幸罹难、74 人重伤，因此航空公司于 1993 年公布新的防撞姿势，是由诺丁汉大学和 HW 结构顾问公司（Hawtal Whiting Structures）执行的研究成果。

澳洲民用航空局曾经引用过这样一个事件：一架载有 16 名旅客的双引擎飞机坠毁，当时，大部分人都在睡梦中，这次意外只有唯一的一位幸存者，他当时是醒着的并且采取了防冲撞姿势。

英国的 Channel 4 节目进行过一个实验，一架客机故意坠毁在墨西哥的索诺兰沙漠，机舱里面有三个事先安排好的假人，以不同的姿势摆放，第一个以防冲撞姿势摆好并系上了安全带，第二个只系了安全带，第三个既没有系安全带，也没有做好防冲撞姿势。专家后来的结论是第一个假人得以在撞击中存活，第二个假人可以活下来但头部会因严重撞击而受伤，第三个假人将会罹难。

九、取下锐利物品

（1）确保旅客取下发夹、别针、珠宝首饰、手表、假牙、眼镜等尖锐物品。

（2）确保旅客解下围巾、领带等。

（3）确保旅客脱下高跟鞋。

（4）不要把任何东西放在座椅背后的口袋里。

（5）紧急撤离时不要携带任何行李物品。

十、跳滑梯的姿势

滑梯充气后并没有那么柔软，人的手部、脸部很容易与滑梯表面产生摩擦而受伤，因此撤离时，必须采用正确的跳滑梯姿势（见图 8－5）。

（1）正常人从滑梯撤离，应双臂平举，轻握拳头，或双手交叉抱臂，从舱内跳出落在梯内时手臂的位置不变。双腿及后脚跟紧贴梯面，收腹弯腰直到滑到梯底，站立跑开。

（2）抱小孩的旅客，把孩子抱在怀中，坐着滑下飞机。儿童、老人和孕妇也应坐着滑下飞机，但在梯面的姿势与正常人相同。

图 8－5　跳滑梯的姿势

（3）伤残旅客，根据自身的情况，坐滑或由援助者协助坐滑梯撤离。

十一、异常情况下的撤离

正常情况下当飞机着陆（水）之后，是由机长发出撤离口令，乘务员才会组织机上人员撤离，但如果出现以下情况，乘务员有权立即指挥撤离：

（1）客舱起严重的浓烟。

（2）水上迫降。

（3）机体有严重的破损。

（4）舱内或舱外起火，火灾无法控制。

第二节　紧急迫降和撤离

紧急迫降分为陆地迫降和水上迫降两种形式。从准备的时间上可分为：有准备的紧急迫降、有限时间准备的紧急迫降和无准备的紧急迫降。

一、有准备的陆地和水上迫降程序（Prepared）

（一）机长通过机上内话紧急通知乘务长到驾驶舱，下达迫降的决定

机长的指示可以用“NITES”来概括。

N：Nature of the emergency（紧急情况的性质）明确飞机紧急迫降的原因。

I：Intention（目的）飞机是要陆地迫降还是水上迫降。

T：Time（时间）飞机有多长时间准备迫降。

E：Escape（撤离）明确是否需要撤离，撤离的线路以及可以用来撤离的出口。

S：Signal（信号）确定机长会在什么时候给出防冲撞的信号。

（二）乘务长召集全体客舱乘务员

（1）传达机长的指示和决定。

（2）进行分工，确认每人的位置和任务。

（3）落实检查单的各项工作。

（4）调亮客舱的灯光。

（5）打开客舱的隔帘。

（三）乘务长向旅客广播

（1）迫降的决定。

（2）客舱示范救生衣的使用方法（如水上迫降）：演示成人救生衣的穿戴方法；对

儿童、婴儿救生衣的穿戴，需要单独指导；指导旅客对救生衣充气的时机（不能在客舱内充气，离开机门时再充气）。

（3）介绍应急出口位置及区域划分。

（4）介绍防冲撞的姿势。

（5）选择援助者。

（6）取下尖锐物品。

（四）乘务员客舱安全检查

（1）回收餐具和杯子。

（2）检查安全带、座椅靠背、小桌板、脚踏板。

（3）确保所有的遮光板都处于打开状态。

（4）存放好旅客手提行李。

（5）把所有的设备都安全固定好，并关掉厨房电源。

（6）检查厕所是否还有旅客，确保每个旅客都坐在座位上。

（五）迫降前的再次确认、乘务员自身确认

（1）再次确认客舱和厨房内的浮动物品以及厨房电源的关闭。

（2）客舱乘务员确认自身尖锐物品已取下。

（3）客舱乘务员坐在指定的位置，系好安全带。

（4）客舱乘务员向乘务长报告客舱已准备完毕。

（5）乘务长向机长报告客舱准备完毕。

（6）机长发出指令："乘务员各就各位/Cabin crew at the station"。

（六）防冲撞姿势的信号

（1）防冲撞的口令由机长给出。

（2）距离地面或海面高度2 000英尺（约600米）时，机长向客舱发出指令："飞机即将着陆（着水）"。

（3）距离地面或海面高度500英尺（约150米）时，机长发出做好防冲撞姿势的口令。

（七）撤离程序（有准备的撤离行动）

本书以空中客车A320为例进行介绍。

（1）陆地撤离程序（主要舱门），见表8-1。

表8-1 陆地撤离程序（主要舱门）

准备时间	撤离出口	撤离方式	撤离程序
有准备的撤离	主要舱门	陆地	飞机完全停稳后，解开安全带，确认滑梯预位
			看：观察窗外有无任何危险
			听：机长发出的撤离信号或口令
			发起：如果窗外无危险，立刻组织撤离
			打开：打开舱门（如果环境有不受控的危险，立刻封住出口）
			拉动：一手抓紧门侧辅助手柄，一手拉动红色手动充气手柄
			观察：滑梯充气情况
			疏散：待滑梯充气完成后，侧身站在门旁，手握辅助手柄，指挥旅客跳滑梯撤离
			检查：旅客撤离完毕后，从前往后、从后往前检查客舱是否所有旅客都撤离完毕
			拿取：重要的安全设备和任何其他有用的设备
			离开：乘务员离开飞机

（2）水面撤离程序（主要舱门），见表8-2。

表8-2 水面撤离程序（主要舱门）

准备时间	撤离出口	撤离方式	撤离程序
有准备的撤离	主要舱门	水面	飞机完全停稳后，解开安全带，确认滑梯预位
			看：观察窗外有无任何危险以及舱外水位线的位置
			打开：如果外面环境是安全的则打开舱门
			拉动：一手抓紧门侧辅助手柄，一手拉动红色手动充气手柄（见图8-6）
			观察：滑梯/救生筏充气情况
			疏散：待滑梯/救生筏充气完成后，侧身站在门旁，手握辅助手柄，指挥旅客撤离（旅客的救生衣应在离开舱门时充气）。注意：撤离的滑梯/救生筏在陆地撤离时作为逃离滑梯，在水上撤离时作为救生筏
			检查：旅客撤离完毕后，从前往后、从后往前检查客舱是否所有旅客都撤离完毕
			拿取：重要的安全设备和任何其他有用的设备
			充气：乘务员给自己的救生衣充气
			离开：乘务员离开飞机
			断开分离：所有旅客都已登筏后，拉动断开手柄（见图8-7），使滑梯/救生筏与机体完全分离（如果滑梯/救生筏不下落，用小刀割断系留绳子，人工解开连接）
			注意：如果飞机开始下沉或者条件不允许旅客乘坐滑梯/救生筏，打开舱门，立刻拉动断开手柄，从飞机上断开分离滑梯/救生筏。指挥旅客给救生衣充气，并跳入水中，由水中登筏

图8－6　充气手柄

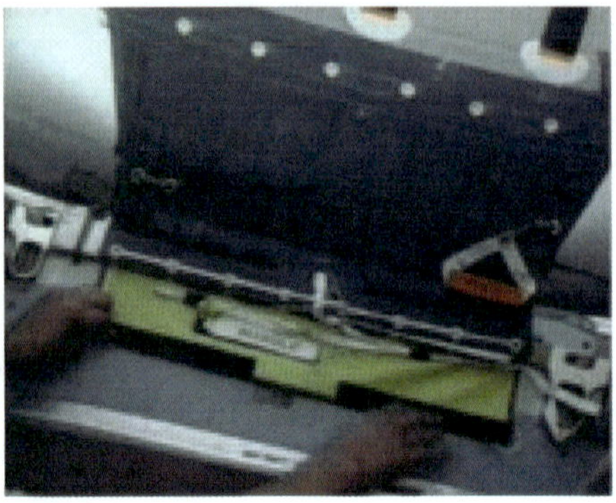

图8－7　断开手柄

（3）陆地撤离程序（机翼紧急出口），见表8－3。

表8－3　陆地撤离程序（机翼紧急出口）

<table>
<tr><th>准备时间</th><th>撤离出口</th><th>撤离方式</th><th>撤离程序</th></tr>
<tr><td rowspan="11">有准备的撤离</td><td rowspan="11">机翼上的紧急出口</td><td rowspan="11">陆地</td><td>飞机完全停稳后，解开安全带，确认滑梯预位（机翼上的紧急出口始终处于预位状态）（见图8－8）</td></tr>
<tr><td>看：观察窗外有无任何危险</td></tr>
<tr><td>听：机长发出的撤离信号或口令</td></tr>
<tr><td>发起：如果窗外无危险，立刻组织撤离</td></tr>
<tr><td>打开：取下手柄盖①；手柄灯②和滑梯预位指示灯③亮；下拉操纵手柄④，翼上出口门向内移动；抓住把手⑤移开翼上出口门；把翼上出口门扔出机外（见图8－9）</td></tr>
<tr><td>离开：爬出出口，站在机翼上</td></tr>
<tr><td>拉动：如果滑梯自动充气失效，拉动应急出口框上的红色手动充气手柄（见图8－10）</td></tr>
<tr><td>观察：滑梯充气完成（见图8－11）</td></tr>
<tr><td>疏散：握住翼上应急出口上的辅助手柄，稳定好自己，指挥旅客从滑梯撤离</td></tr>
<tr><td>检查：旅客撤离完毕后，从前往后、从后往前做清舱检查</td></tr>
<tr><td>离开：从滑梯滑到地面</td></tr>
</table>

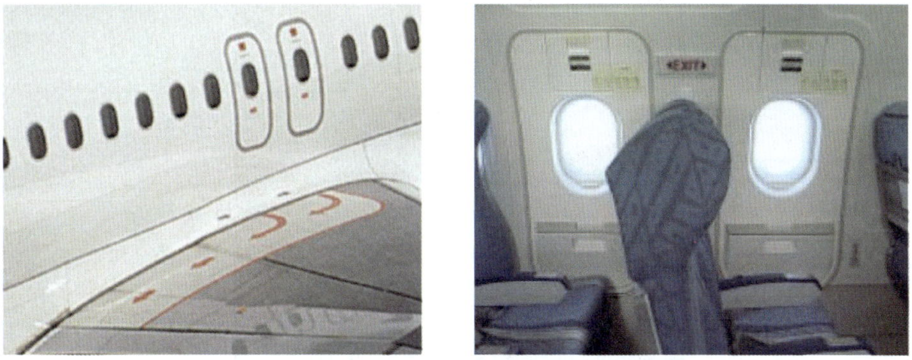

图 8－8 机翼紧急出口外部、内部

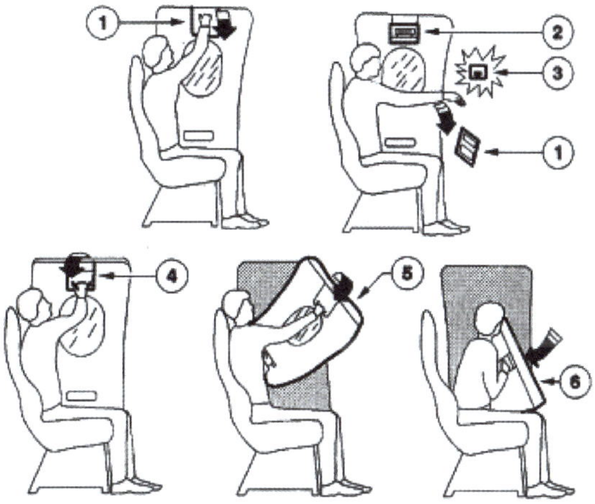

图 8－9 打开机冀紧急出口

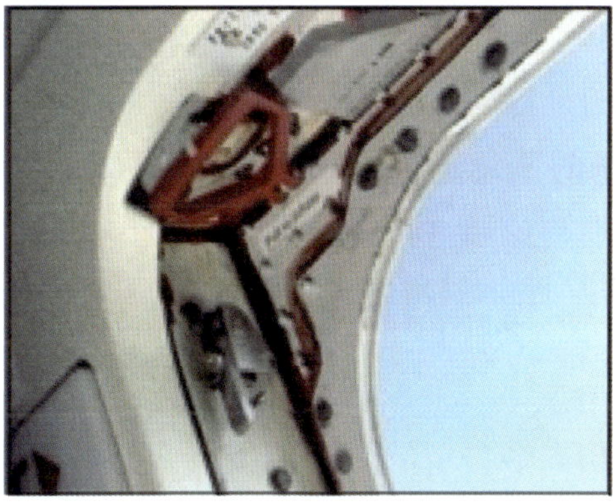

图 8－10 应急出口框上的红色手动充气手柄

图 8－11 机翼紧急出口滑梯充气完成

（4）水面撤离程序（机翼紧急出口），见表 8－4。

表 8－4 水面撤离程序（机翼紧急出口）

准备时间	撤离出口	撤离方式	撤离程序
有准备的撤离	机翼上的紧急出口	水面	飞机完全停稳后，解开安全带
			看：观察窗外有无任何危险以及舱外水位线的位置
			打开：如果外面环境安全，打开机翼出口
			离开：爬出出口，站在机翼上
			充气：给救生衣充气
			疏散：握住翼上应急出口上的辅助手柄，稳定好自己，指挥旅客跳进水里，登陆最近的救生筏
			检查：旅客撤离完毕后，从前往后、从后往前做清舱检查
			跳下：乘务员跳下水，登陆最近的救生筏
注意：空中客车 A320 共有 4 个机翼紧急出口，在水上迫降时，翼上的滑梯不能作为救生筏使用，滑梯无法操作			

二、有限时间准备的紧急迫降（Minimum Time Preparation）

当迫降前的准备时间只有不足 10 分钟或者更少时，就要做有限时间准备的紧急迫降。乘务员需按照优先顺序进行迫降前的准备工作。

（一）乘务员准备工作

（1）广播通知旅客迫降决定。

（2）打开客舱隔帘。

（3）关闭厨房电源，固定安放好所有设备和行李。

（4）广播演示防冲撞的姿势，介绍撤离出口。

(5) 穿上救生衣(如果水上迫降)。
(6) 脱掉鞋子、皮带,取下名牌等有可能在撤离时让自己受伤的物品。
(7) 完成准备工作报告机长。
(8) 按照有准备的陆地/水面撤离程序进行。

(二) 旅客准备工作

(1) 收直座椅靠背,收起小桌板、脚踏板,系好安全带,收好行李箱。
(2) 穿上救生衣(如果水上迫降)。
(3) 取下假牙、眼镜等,脱掉高跟鞋等物品。
(4) 做好防冲撞准备。

三、无准备的紧急迫降(Unprepared)

在无任何准备,提前并不知道的情况下需要撤离,如飞机在起飞滑行途中突然失火需要立刻撤离,或者在没有任何准备下发生在地面或水上的应急着陆。因为没有时间去准备,所以乘务员在出现第一个撞击迹象时就要做出反应。

(1) 待飞机完全停稳,应急灯亮,机长发出“撤离”信号或指令时,解开安全带,同时告知旅客解开安全带。如要水上迫降,穿上救生衣。
(2) 确认滑梯处于预位状态。
(3) 观察窗外是否有任何危险状况。
(4) 如无任何危险,开门,按照有准备的陆地/水面撤离程序进行。

四、应急撤离的口令

(一) 有准备/无准备陆地撤离口令(见表8-5)

表8-5 有准备/无准备陆地撤离口令

<table>
<tr><th>状态</th><th>发布者</th><th>口令</th></tr>
<tr><td>高度2 000英尺(600米)</td><td>机长</td><td>2 000英尺,准备冲撞/2 000ft. Ready to impact</td></tr>
<tr><td>高度500英尺(150米)</td><td>机长</td><td>500英尺,冲撞开始/500ft. Impact</td></tr>
<tr><td>有准备的冲撞</td><td rowspan="2">乘务员</td><td>低下头,紧迫用力/Heads down, brace(持续)</td></tr>
<tr><td>无准备的冲撞</td><td>低下头,趴下/Heads down, stay down(持续)</td></tr>
<tr><td rowspan="2">飞机停稳后,机长发出撤离的指令或给出信号,乘务员解开安全带站起</td><td>机长</td><td>撤离、撤离/Evacuate, evacuate, evacuate</td></tr>
<tr><td>乘务员</td><td>撤离、撤离/Evacuate, evacuate, evacuate</td></tr>
<tr><td rowspan="2">陆地撤离</td><td rowspan="2">乘务员</td><td>解开安全带/Open seat belt</td></tr>
<tr><td>不要带行李/Leave everything</td></tr>
</table>

续表

状态	发布者	口令
陆地撤离	乘务员	到这边来/Come this way
		一个跟一个，跳、滑！/One by one，jump and Slide（机翼紧急出口）坐、滑/Sit and slide
撤离出现拥堵		退后，保持冷静/Stay back，stay clam
滑梯没有充好气		等等，滑梯正在充气/Wait，wait，slide inflating
出现舱门外起火，有浓烟，无滑梯等状态，需要封锁此门时，乘务员双臂交叉，示意封锁此门		此门不通，到那面去/Exit block，go that way
飞机着陆，机长指令取消撤离	机长	乘务员和旅客，坐在座位上/Cabin crew and passenger keep your seats
清舱	乘务员	还有人吗？听到请回答/Anybody else，answer me

（二）有准备/无准备水上撤离口令（见表8－6）

表8－6　有准备/无准备水上撤离口令

有准备/无准备水上撤离口令		
状态	发布者	口令
高度2 000英尺（600米）	机长	2 000英尺，准备冲撞/2 000ft. Ready to impact
高度500英尺（150米）	机长	500英尺，冲撞开始/500ft. Impact
有准备的冲撞	乘务员	低下头，紧迫用力/Heads down，brace（持续）
无准备的冲撞		低下头，趴下/Heads down，stay down（持续）
飞机停稳后，机长发出撤离的指令或给出信号，乘务员解开安全带站起	机长	撤离、撤离/Evacuate，evacuate，evacuate
	乘务员	撤离、撤离/Evacuate，evacuate，evacuate
有准备	乘务员	解开安全带/Open seat belt
		穿上救生衣/Life jacket on
		不要带行李/Leave everything
		到这边来/Come this way
		救生衣充气/Inflate life jacket
		上船/Get on raft

续表

有准备/无准备水上撤离口令		
无准备	乘务员	解开安全带/Open seat belt
		穿上救生衣/Life jacket on
		救生衣在你座椅下方/Life jacket under our seat
		不要带行李/Leave everything
		到这边来/Come this way
		救生衣充气/Inflate life jacket
		上船/Get on raft
如果从机翼上的紧急出口撤离		跳下水，登陆最近的救生筏/Jump into the water, board the nearest raft
清舱	乘务员	还有人吗？听到请回答/Anybody else, answer me

第三节　应急情况时的旅客广播

一、广播撤离的决定

女士们、先生们：

请注意，我是本次航班的乘务长，本架飞机由于××原因，我们决定采取陆地/水上迫降，我们全体机组人员都受过良好的训练，有信心、有能力保证你们的安全。现在请听从客舱乘务员的指挥，系好安全带，收起小桌板，调直座椅靠背，打开遮光板，把所有行李物品放在座椅下方或行李架内。

Ladies and gentlemen,

May I have your complete attention please.

We will be forced to make an emergency landing. The crew members have been well trained to handle this situation.

For your own safety you must follow my instructions. Now fasten seatbelt, bring seatback to the upright and stow all tray tables, open the window shades. Put all of your baggage under the seat in front you or in the overhead bin.

二、演示座椅垫和救生衣的使用方法（用于水上迫降）

请注意，乘务员将向你介绍座椅垫的使用方法：将座椅垫取下抱在胸前，双手交叉穿过固定绳。

Attention, cabin crew will show you how to use the seat cushions. Grab seat cushions, put arm through straps.

现在乘务员将向你演示救生衣的使用方法，请随同乘务员的演示穿上救生衣，救生衣在你座椅下方，取出救生衣经头部穿好，将带子扣好、系紧，但请注意，不要在客舱内充气。当你离开飞机时，拉下救生衣两侧的红色充气手柄，如果充气不足，可将救生衣上部的两个人工充气管拉出，用嘴向里充气。

Now, the cabin crew will demonstrate how to use lifejacket. Your lifejacket is stowed in a pocket under your seat. Remove it from its container.

Place the lifejacket over your head. Fasten the buckles and pull tightly. Do not inflate your lifejacket in the cabin. When you leave the aircraft, pull down sharply on this (the red toggles). If it fails to inflate, blow into this tube.

三、介绍出口位置及区域划分

本架飞机的前、中、后部都设有应急出口，请确认至少两个以上的出口。安装在地板上的应急路径灯将指引你至出口处，撤离时不要携带任何行李。

The emergency exits are in the front, middle, rear of the cabin. The tract - light on the floor will lead you to those exits. Leave everything while evacuating.

四、介绍防冲撞姿势

现在客舱乘务员将向你介绍两种防冲撞姿势。

第一种：两腿分开，两脚用力蹬地，两臂交叉，身体前倾，两手抓住前面的座椅靠背，额头放在手臂之上。

第二种：如果你的手无法抓住你前面的座椅靠背或你前面没有座椅，请弯下腰双手抓住你的脚踝，把头埋在双膝之间。如你不能抓脚踝，请双手抱膝。

The cabin crew will explain your brace position to against impact.

First, put your legs apart, place your feet flat on the floor. Cross your arms like this. Lean forward, and hold the seat back. Rest your face on your arms.

Second, if you can not hold the seat back, or there is no seat back in front of you. Please bend over, and grab your ankles, if you can not grab your ankles, grab your knees.

当你听到“低下头，全身紧迫用力”的口令时立刻采取这种防冲撞姿势，直到飞机完全停稳。撤离时，不要随身携带任何物品，必须完全听从机组成员指挥。

Take this position, when you hear "Heads down, brace" until the aircraft has finally stopped. Do not take any belongings with you and do exactly as instructed by the crew.

五、选择援助者

如果你是加机组的机组成员、军人、警察或消防人员，请与乘务员联系，我们需要你的协助。

If you are deadheads, soldiers, policemen or firemen, please contact the nearest cabin crew. We need your assist.

六、取下尖锐物品

为了撤离时你的安全，请松开限制你的紧身衣服，把所有锋利的东西从你身上移走。取下眼镜、假牙等放在外衣口袋，脱下高跟鞋放到行李架上。

For your safety, please loosen any restrictive clothing and remove all sharp objects from your body. Remove any spectacles and dentures, and them put in your jacket pocket. And put high – heeled shoes in the overhead stowage.

第四节 客舱乘务员应急撤离职责（以空中客车 A320 为例）

一、应急撤离行动的组织工作与责任

客舱乘务员在撤离时，应始终履行自己的职责，把旅客的安全放在第一位。任何客舱乘务员发现异常情况都要及时报告机长，不要低估自己的经验和判断力。如果不能判断身边发生的状况是否危及飞行安全，应将疑虑告诉一起执行任务的乘务员、乘务长。

（一）乘务长

（1）根据机长指令，组织客舱乘务员、安全员及援助者实施旅客应急撤离的准备工作。

（2）组织实施应急撤离行动，负责向机长反馈客舱情况及请示处置指令。

（3）若飞行机组不能发出指令，乘务长应判断情况执行应急撤离。

（二）乘务员、安全员

根据乘务长的指令，实施应急撤离的准备与旅客撤离的指挥工作。

（三）全体机组人员共同努力

飞机迫降的关键在于全体机组人员共同的努力，尤其是客舱乘务员在机长的指挥下完成撤离的能力，这需要每个乘务员：

（1）明确职责——各种迫降事件中乘务员的基本职责都是相同的。
（2）复习程序——在面对撤离时能更熟练地控制场面，组织指挥。
（3）防止冲撞——防冲撞姿势能帮助机组和旅客在迫降后得以生存。
（4）撤离飞机——令机组和旅客在迫降后迅速撤离飞机。
（5）密切配合——机组成员之间要尽力密切配合，团结在一起。
（6）维持生存——让迫降中的幸存者获得庇护和救助。
（7）寻求帮助——寻求旅客的帮助，让援助者协助机组人员完成准备和撤离。

二、客舱乘务员撤离职责

（一）A320 机型陆地撤离（四人制）（见表 8－7）

表 8－7　A320 机型陆地撤离（四人制）

号位	职责	携带物品	乘务员撤离区域
PS1	1. 传达机长指令布置迫降任务 2. 广播 3. 检查各区域准备情况 4. 确认打开应急灯 5. 确认 L1 门预位情况 6. 负责 L1 门的操作并指挥旅客撤离 7. 负责全舱清舱	手电筒 舱单 麦克风	L2、R2
SS2	1. 确认撤离信号 2. 检查客舱、后卫生间 3. 确认 L2 门预位情况 4. 操作 L2 门并指挥旅客撤离	手电筒 麦克风	L2
SS3	1. 确认撤离信号 2. 负责检查客舱、前卫生间并固定 3. 检查固定厨房物品 4. 确认 R1 门预位情况 5. 负责 R1 门的操作并指挥旅客撤离	手电筒 急救药箱	R1
SS4	1. 确认撤离信号 2. 检查固定厨房物品 3. 确认 R2 门预位情况 4. 操作 R2 门并指挥旅客撤离	手电筒 便携式应定位发射器 急救药箱	R2

（二）A320机型陆地撤离（五人制）（见表8－8）

表8－8 A320机型陆地撤离（五人制）

号位	职责	携带物品	乘务员撤离区域
PS1	1. 传达机长指令，布置迫降任务 2. 广播 3. 检查各区域准备情况 4. 确认打开应急灯 5. 确认L1门预位情况 6. 负责L1门的操作并指挥旅客撤离 7. 负责清舱	手电筒 舱单 麦克风	L2、R2
SS2	1. 确认撤离信号 2. 检查客舱、后卫生间 3. 确认L2门预位情况 4. 操作L2门并指挥旅客撤离	手电筒 麦克风	L2
SS3	1. 确认撤离信号 2. 负责检查客舱、前卫生间并固定厨房物品 3. 确认R1门预位情况 4. 负责R1门的操作并指挥旅客撤离	手电筒 急救药箱	R1
SS4	1. 确认撤离信号 2. 检查固定厨房物品 3. 确认R2门预位情况 4. 操作R2门并指挥旅客撤离	手电筒 急救药箱 便携式应定位发射器	R2
SS5	1. 确认撤离信号 2. 检查客舱 3. 负责左侧翼上出口并操作指挥旅客撤离 4. 寻找援助者负责右侧翼上出口操作并指挥旅客撤离	手电筒	WL1/2或WR1/2

（三）A320 机型水上撤离（四人制）（见表 8 –9）

表 8 –9　A320 机型水上撤离（四人制）

号位	职责	携带物品	乘务员撤离区域
PS1	1. 传达机长指令，布置迫降任务 2. 广播 3. 检查各区域准备情况 4. 确认打开应急灯 5. 确认 L1 门预位情况 6. 负责挂好 L1 门救生包，在 L1 门处负责指挥旅客撤离 7. 操作 R1 门滑梯筏与机体分离，检查客舱后最后下飞机 8. 到达安全区域后指挥连接各船	手电筒 舱单 麦克风 救生衣	R1
SS2	1. 确认撤离信号 2. 检查客舱、后卫生间 3. 确认 L2 门预位情况 4. 负责挂好 L2 门救生包，在 L2 门处负责撤离 5. 操作 L2 门滑梯筏与机体分离	手电筒 麦克风 救生衣	L2
SS3	1. 确认撤离信号 2. 负责检查客舱、前卫生间并固定厨房物品 3. 确认 R1 门预位情况 4. 负责挂好 R1 门救生包，在 R1 门处负责撤离 5. 操作 L1 门滑梯筏与机体分离	手电筒 急救药箱 救生衣	L1
SS4	1. 确认撤离信号 2. 检查固定厨房物品 3. 确认 R2 门预位情况 4. 负责挂好 R2 门救生包，在 R2 门处负责撤离 5. 操作 R2 门滑梯筏与机体分离 6. 负责寻找援助者封住机翼处紧急出口	手电筒 便携式应急定位发射器 急救药箱 救生衣	R2

（四）A320 机型水上撤离（五人制）（见表 8－10）

表 8－10 A320 机型水上撤离（五人制）

号位	职责	携带物品	乘务员撤离区域
PS1	1. 传达机长指令，布置迫降任务 2. 广播 3. 检查各区域准备情况 4. 确认打开应急灯 5. 确认 L1 门预位情况 6. 负责挂好 L1 门救生包，在 L1 门处负责指挥旅客撤离 7. 操作 R1 门滑梯筏与机体分离，检查客舱后最后下飞机 8. 到达安全区域后指挥连接各船	手电筒 舱单 麦克风 救生衣	R1
SS2	1. 确认撤离信号 2. 检查客舱、后卫生间 3. 确认 L2 门预位情况 4. 负责挂好 L2 门救生包，在 L2 门处负责撤离 5. 操作 L2 门滑梯筏与机体分离	手电筒 麦克风 救生衣	L2
SS3	1. 确认撤离信号 2. 负责检查客舱、前卫生间并固定厨房物品 3. 确认 R1 门预位情况 4. 负责挂好 R1 门救生包，在 R1 门处负责撤离 5. 操作 L1 门滑梯筏与机体分离 6. 负责寻找援助者共同将救生筏取出，在 1 号门选择可用出口抛放，并操作救生筏与机体分离	手电筒 急救药箱 救生衣	L1
SS4	1. 确认撤离信号 2. 检查固定厨房物品 3. 确认 R2 门预位情况 4. 负责挂好 R2 门救生包，在 R2 门处负责撤离 5. 操作 R2 门滑梯筏与机体分离	手电筒 急救药箱 便携式应急定位发射器 救生衣	R2
SS5	1. 确认撤离信号 2. 检查客舱 3. 负责寻找援助者共同将救生筏取出，选择可用出口抛放，并操作救生筏与机体分离 4. 负责后舱引导，疏通旅客	手电筒 救生衣	L2

第五节　机上火灾处置

一、机上烟雾/火灾的主要隐患

在飞机上，引发烟雾/火灾的主要隐患包括：电器设备故障；烤箱内存放着易燃物品或加热时间过长；旅客携带易燃物品；吸烟。

二、烟雾

燃烧导致的烟雾含有大量的有毒化学成分，如一氧化碳、氯化氢等，烟雾具有快速扩散的能力，其有毒化学成分能在短时间内导致人员窒息、死亡。

（一）烟雾产生的位置

机上比较容易出现烟雾的地方是卫生间、厨房、客舱壁板和行李架，飞行过程中乘务员应多注意观察这些地方。机上电器设备，如烤箱、机上娱乐设备等发生故障时产生的烟雾，有时候可能看不到烟雾，只能闻到气味。乘务员应该保持警觉，寻找气味的来源。

（二）烟雾处置原则

烟雾通常通过燃烧而产生，因此应把机上烟雾当作灭火进行处置，处置方法按照灭火程序执行。

三、灭烟/灭火程序

在执行灭火程序时应组成三人灭火小组：一人负责灭火，一人负责进行通信联络，一人负责援助。灭火程序如下：

（1）确定烟雾/火的来源和性质。

（2）拔出受影响区域的跳开关，切断电源。

（3）乘务员穿戴好防烟面罩，并取用正确的灭火设备进行灭火。

（4）报告机长，并随时与驾驶舱保持联系。

（5）观察情况，保证余火被灭尽。

四、灭火职责划分

（一）灭火者的职责（Fire Fighter）

首先发现失火或者首先被旅客告知某区域失火的乘务员应该承担灭火者的工作。

（1）观察火情，确定火源和火的性质。

（2）迅速就近取用灭火设备，立即灭火。

（3）电器设备失火，关断电源。

（4）通知就近的乘务员来支援和报告火情。

（二）通信/联络员的职责（Communicator）

作为通信/联络员的乘务员应立刻通过内话机向机长报告火情，报告的信息内容要精准简洁，包括以下几点：

（1）准确的失火位置和物品。

（2）烟火的气味和颜色。

（3）火势的大小。

（4）乘务员采取的行动。

（5）客舱旅客的反应。

（6）被使用的灭火设备数量。

通信/联络员要不间断地与驾驶舱联系，并立即通知乘务长和其他客舱乘务员进行援助。

（三）援助者的职责（Back-up）

（1）拿取其他的灭火设备，戴上呼吸保护装置 PBE。

（2）做好接替灭火者工作的准备。

（3）稳定旅客情绪。

（4）观察余火的情况，确保无复燃可能。

五、旅客的保护措施

（1）转移火源区域的旅客。

（2）指挥旅客放低身体，用湿毛巾或衣袖捂住鼻口。

（3）安抚稳定旅客的情绪，避免因旅客慌乱影响飞机配载平衡。

（4）根据机长指示，做好应急撤离的准备。

六、灭烟/灭火的要点

（1）保持驾驶舱门的关闭。

（2）移走失火区域附近的易燃物品。

（3）不要使用氧气设备（不包括 PBE）。

（4）条件允许的情况下可以用水作为临时降温阻燃物。

（5）经常用手背测试舱门、行李架、壁板的温度。

七、飞机内部火情处置

（一）当飞机在滑行时发现客舱失火

（1）迅速判断火情，使用灭火设备立即灭火。

（2）报告机长和通知其他乘务员。

（3）调整旅客座位和维持客舱秩序。

（4）当机长发出撤离指令时，乘务员在飞机完全停稳的情况下指挥旅客撤离，发出撤离口令。

（5）如果火情发生在乘务员无法处置的燃烧位置和程度，应报告机长，根据机长指令进行处置。

（二）当飞机在初始起飞（起落架未收起）或着陆阶段（起落架已放下）发现火情

（1）乘务员不要试图起身灭火。

（2）发出口令："低下头，俯下身，用衣袖捂住口鼻。"

（3）当机长发出"撤离、撤离、撤离"的指令时，乘务员遵循陆地撤离程序指挥旅客紧急撤离。

（4）当机长发出不需要撤离指令："我是机长，客舱所有人员在原位坐好"时，乘务员应指挥旅客坐在座位上，并安抚旅客。

八、特殊火情处理

（一）洗手间冒烟/失火处理

机上火灾中大部分情况都是发生在洗手间，如果烟雾探测器发出警告声，表明洗手间存在烟雾或有起火的现象出现。乘务员需立刻确定有火情的洗手间，并检查洗手间是否有人，并用手背感觉门的温度。

1. 如果洗手间里有人，门是凉的

（1）很大可能是因为旅客在洗手间吸烟而引发了烟雾探测器发出声音，告诉旅客让他立即熄灭香烟，并让他打开洗手间的门出来。

（2）如果旅客不出来，则告诉他"如果你不出来，我会开门进去"。

（3）在有第三者的证明之下，从外部打开洗手间门，向吸烟者明确指出其行为不当，并通知机组。

（4）进入洗手间找到冒烟的物品和位置，用水将烟雾区浇湿。

（5）通知机长，锁闭洗手间，并派专人看管。

2. 如果洗手间没人，门是凉的

（1）取用就近的灭火器，呼叫通信/联络员和援助者。

（2）小心将门打开一条小缝，确认烟雾/火源位置。

（3）如果仅发现冒烟，用水浇湿冒烟区域。

（4）如果电器冒烟/失火，使用灭火器立即灭火，通知机长切断电源。

（5）通知机长并封锁洗手间，派专人看管。

3. 如果门是热的

（1）呼叫通信/联络员和援助者。

（2）取用就近的灭火器，穿戴好防烟面罩。

（3）将门打开一条小缝，低身蹲下，将灭火器从门缝喷入进行灭火。

（4）关闭洗手间的门，防止空气和氧气进入洗手间而扩大火势。

（5）重复开门、低身蹲下、灭火、关门的步骤直至火被完全扑灭。

（6）为防止余火复燃，灭火后用湿毛毯将火区覆盖。

（7）报告机长，锁闭洗手间，派专人看管。

（二）厨房设备冒烟/失火处理

机上厨房里的电器失火要首先切断电源，关闭失火设备的电源并拔出跳开关，立即报告机长并请求切断厨房总电源，使用呼吸保护装置，用海伦灭火器灭火，移走失火区域的易燃物品。

1. 烤箱冒烟/失火

烤箱冒烟/失火通常是由于油脂着火或电器设备故障引起的，油脂燃烧伴有食物烧焦的味道，电器故障引起的冒烟/失火具有特殊的酸性气味。烤箱冒烟/失火时，应采取以下措施：

（1）切断烤箱电源，拔出相应的跳开关。

（2）保持烤箱门关闭。

（3）呼叫通信/联络员和援助者组成灭火小组。

（4）戴好 PBE，拿出灭火器。

（5）打开烤箱门之前，在烤箱门周围喷射灭火剂。

（6）再将烤箱门打开一点点，将灭火剂从门缝喷入。

（7）关闭烤箱门。

（8）重复（6）（7）的灭火步骤，直至火被完全扑灭。

（9）保持烤箱门关闭，不要试图把燃烧的物品从烤箱中取出，继续观察烟火的情况。

（10）不要再次接通烤箱电源。

（11）报告机长，派专人监管。

2. 厨房垃圾箱冒烟/失火

（1）向垃圾箱内喷射灭火剂或迅速倒入茶水、饮料等。

（2）关上垃圾箱门。

3. 餐车冒烟/失火

(1) 切断厨房电源。

(2) 向餐车喷射灭火剂。

(3) 用湿毛毯将餐车周围覆盖，并将门关闭。

(三) 行李架冒烟/失火处理

(1) 调整旅客座位，疏散旅客。

(2) 呼叫通信联络者和援助者，立刻通知机长。

(3) 用手背感觉行李架表面温度，找出温度最高区域，确定烟火源位置。

(4) 将行李架门打开一条小缝，将灭火器喷嘴插入进行喷射灭火。

(5) 灭火后寻找火源，用湿毛毯将火区覆盖。

(6) 移开火区附件的行李。

(7) 关闭行李架门，派专人监管，防止复燃。

第六节　客舱释压

一、客舱释压的定义

通常情况下，飞机在海拔 10 000 英尺（约 3 000 米）的飞行高度上，旅客不需要额外的氧气或者增压系统的帮助就可以生存下来，这是安全的高度。但是，随着飞机高度的上升，没有足够的氧气供人呼吸，所以必须给客舱进行增压，才可以让旅客不会因为高空压力小和氧气不足而产生不舒服的感觉。但是如果遇到机体破损或者是增压系统发生故障，压力就无法保持住，这就需要释压。

二、释压的类型

(一) 缓慢释压（Slow Decompression）

1. 缓慢释压定义

缓慢释压是飞机逐渐失去客舱压力，有可能是机门或应急窗的密封泄露或者因为增压系统发生故障而引起的。

2. 缓慢释压的征兆

(1) 机上人员会感到头晕、头疼、发困、视力减弱、模糊、耳部不适，平衡和协调机能欠缺。

(2) 失密处有漏气的尖响声。

(3) 氧气面罩可能会自动脱落。

（4）安全带指示灯亮起。

3. 缓慢释压时乘务员的行动

（1）如果乘务员感觉到有缓慢释压时的不适症状，应检查机组其他成员是否有同样的症状。

（2）立刻通知机长、乘务长。

（3）立刻广播让旅客系好安全带。

（4）固定好所有的行李物品、服务设备。

（5）听取机长的指令。

（二）快速释压（Rapid Decompression）

1. 快速释压定义

快速释压是指迅速失去客舱的压力。快速释压是由于增压系统失效或机体受到严重损坏。快速释压也被称为爆炸性释压。

2. 快速释压的征兆

（1）飞机结构突然损坏，发出巨大的响声。

（2）强烈而突如其来的冷空气进入机舱，客舱的温度迅速急剧地下降。

（3）客舱中立即产生薄雾和灰尘。

（4）机上人员感到头痛、耳膜压痛、呼吸困难。

（5）座椅上方的氧气面罩自动脱落。

（6）“系好安全带/禁止吸烟”指示灯亮起。

（7）紧急用氧广播响起：“戴上氧气面罩，系好安全带/Mask on，fasten seat belts”。

（8）客舱失密警告灯亮起。

以上快速释压的征兆只要出现其中的某个警告信号，就可以判断为释压，如氧气面罩的脱落、用氧广播响起等，并不是要所有的征兆都会出现。

3. 快速释压时乘务员的行动

（1）立即停止服务工作。

（2）迅速蹲下或坐下，戴上离自己最近的氧气面罩，固定好自己。

（3）在有可能的情况下呼喊指示旅客“戴上氧气面罩，系好安全带/Mask on，fasten seat belts”。

（4）用肢体手势指示旅客戴上氧气面罩，带小孩的旅客，大人先戴，再协助小孩戴上。

三、到达安全高度后的处置

当飞机到达安全高度之后，机长会进行广播宣布：“到达安全高度，摘下氧气面罩/We have reached a safe altitude，cabin crew and passengers may remove your oxygen mask”。听到广播后，机组成员应按照以下程序进行：

（1）摘下氧气面罩，检查自己、机组其他成员是否有受伤。

（2）检查洗手间内有无旅客。

（3）检查客舱、洗手间、厨房等地是否有烟火。

（4）携带手提式氧气瓶进行客舱检查，对受伤的旅客或机组成员进行急救，安抚旅客的情绪。

（5）为缺氧的旅客和机组成员提供氧气。

（6）如果机身出现裂口，则需重新安置旅客的座位，将他们调至安全的区域。

（7）向机长报告客舱情况，保持和驾驶舱的沟通，听取机长指令。

四、客舱释压遵循的原则

（1）氧气面罩佩戴顺序应是先客舱乘务员，后成年人，再未成年人，也可以同时进行。

（2）在任何释压状态未解除前，所有人都要停止一切活动。

（3）应准备好灭火设备，防止机上火灾发生。

（4）听取机长指令，做好紧急着落和撤离的准备。

五、有效知觉时间（Time of Useful Consciousness，TUC）

有效知觉时间是指人在缺氧后大脑能有效保持足够清醒并能做出正确判断的时间。表 8－11 为缺氧反应和有效的知觉时间。

表 8－11　缺氧反应和有效的知觉时间

高　度	症　状
10 000 英尺（3 000 米）	头痛、疲劳
14 000 英尺（4 200 米）	发困、头痛、视力减弱、指甲发紫、肌肉相互不协调、晕厥
18 000 英尺（5 500 米）	记忆力减退，重复同一动作
20 000 英尺（6 000 米）	惊厥、虚脱、昏迷、休克，有效知觉时间 5～10 分钟
25 000 英尺（7 600 米）	昏迷和虚脱，有效知觉时间 3～5 分钟
30 000 英尺（9 000 米）	有效知觉时间 1～2 分钟
35 000 英尺（1 000 米）	有效知觉时间 30 秒
40 000 英尺（1 200 米）	有效知觉时间 15 秒

第七节　空中颠簸处置

（一）颠簸的分类及处置程序

飞机在飞行过程中由于气流等原因会发生不同程度的颠簸，颠簸一般分为三个等级：轻度、中度和严重。机组成员要会判断颠簸的等级程度并针对不同程度采取相应的措施，见表 8－12。

表 8－12 颠簸等级和相应措施

等级	定义	客舱内部反应	餐车和服务设备	安全带的要求
轻度	轻微、快速、有节奏地上下起伏，没有明显感觉飞机高度和姿态的变化或飞机轻微、不规则的高度和姿态的变化	饮料在杯中轻微晃动，旅客能感觉到安全带稍微被拉紧，餐车移动时略有困难	乘务员提供热饮服务时需小心，或根据情况暂停服务，固定好餐车和服务设备	检查旅客已入座并系好安全带，手提行李已妥善固定
中度	快速地上下起伏或摇动，但是没有明显感觉飞机高度和姿态的改变或飞机有高度和姿态的改变，但是始终在可控范围内，乘务员明显感觉到安全带被拉紧	饮料会从杯中晃出，旅客明显感觉到安全带被拉紧，在客舱行走困难，没有支撑物较难站起，餐车移动困难	暂停服务，固定餐车和所有服务设备	根据情况检查旅客已入座和系好安全带以及手提行李已妥善固定，乘务员需回座位系好安全带
严重	飞机高度或姿态有很大和急剧的改变，飞机有可能会短时间失控	物品摔落或被抛起，未固定物品摇晃剧烈，旅客感觉安全带被猛烈拉紧，并不能在客舱中服务、行走	立即停止所有服务，在原地固定好餐车，将热饮放入餐车内或放在地板上	乘务员马上在就近座位坐好，系好安全带，如果就近没有空位，需立刻蹲下，双手扶住客舱座位把手，固定好自己

（二）可预知颠簸的处置

（1）乘务长需向飞行机组了解所飞航路天气情况，明确可预知颠簸的信号和处置程序。

（2）飞行中乘务组得到即将发生颠簸信号时，应根据机组提供的颠簸程度信息，提前做好准备工作。

（3）当“系好安全带”信号指示灯亮起时，客舱乘务员应及时广播通知旅客坐好并系好安全带，必要时可持续重复广播提醒旅客坐在座位上，系好安全带。

（4）同时乘务员应立即返回座位，系上安全带。

（三）突发性颠簸的处置

（1）当遇到不可预知的突发性颠簸时，乘务员首先要广播通知旅客坐好并系上安全带。

（2）乘务员应做好自身保护措施，如就近有空座位，立即入座系好安全带，或立即蹲下，抓紧附近固定物，固定自己。

（3）判断突发颠簸程度，根据颠簸的等级完成相应的服务工作。

（四）颠簸后的处置

（1）遇到颠簸时如驾驶舱没有给予“系好安全带”的信号指示，乘务员应提醒飞行机组打开安全带信号灯。

（2）当飞行机组发出颠簸结束的信号之后，乘务员需对机组人员、客舱设施设备、洗手间等情况进行检查并对旅客进行安抚工作。如有旅客受伤，需立刻采取急救措施。

（3）客舱乘务员需将客舱不正常情况及时反馈给机长。

（4）飞行机组应随时向客舱乘务员告知前方可能遇到的颠簸强度和时间长短。因颠簸造成的人员伤害，乘务员应及时向飞行机组告知受伤人员的数量和程度，以及客舱内的其他情况。

第八节 危险物品处置

一、危险物品的定义

危险物品是指在航空运输中，可能明显危害人身健康、安全或者对财产、环境造成损害，并在国际航空运输协会《危险物品规则》的危险品表中列明和根据此规则进行分类的物品或物质。

二、危险物品的分类

危险物品根据不同的危险性分为九大类，其中有些危险品又被细分为若干项。

第一类：爆炸品（标志见图 8－12）。

图 8－12 爆炸品

第二类：气体（标志见图 8－13）。包括：易燃气体；非易燃无毒气体；毒性气体。

图 8－13 气体

第三类：易燃液体（标志见图 8－14）。

图 8－14　易燃液体

第四类：易燃固体，包括易燃固体、自反应物质和固态减敏爆炸品；易于自燃的物质；遇水释放易燃气体的物质（标志见图 8－15）。

图 8－15　易燃固体，易于自燃的物质，遇水释放易燃气体的物质

第五类：氧化物和有机过氧化物（标志见图 8－16）。

图 8－16　氧化物和有机过氧化物

第六类：毒性物质和传染性物质（标志见图 8－17）。

图 8－17　毒性物质和传染性物质

第七类：放射性物质（标志见图 8－18）。

图 8－18　放射性物质

第八类：腐蚀性物质。腐蚀性物质指通过化学作用在接触生物组织时会造成严重损伤，或在渗漏时会严重损害甚至毁坏其他货物或运输工具的物质（标志见图 8－19）。

图 8－19　腐蚀性物质

第九类：杂项危险物品。杂项危险物品指在空运过程中存在不属于其他类别危险性的危险物质和物品（标志见图 8－20）。

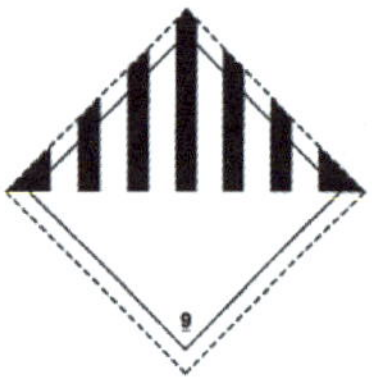

图 8－20　杂项危险物品

三、客舱危险物品事故应急处置程序

（一）通知机长

（1）机上发现危险品时，应立即通知机长。

（2）辨别物品，请有关的旅客识别物品并指出潜在的危险性，将旅客从危险区域转移开。

（二）发生火情的处理

（1）任何火灾都应按照机上火灾应急处置程序进行。

（2）如危险品有溢出物或出现烟雾时，不能用水进行扑灭，因为可能会造成溢出物或烟雾大面积的扩散。

（三）危险物品溢出或泄漏的处置

（1）寻找用来处理溢出物或泄漏物的物品，如毛毯、纸巾、石棉手套、聚乙烯袋子、垃圾袋、塑料袋等。

（2）保护自己。在接触危险物品之前，应戴上手套，手套外再加一层聚乙烯袋子保护自己的双手；当有浓烟和火情时，应戴上 PBE。

（3）保护旅客。将旅客从发生事故的区域转移至安全区域，并指导旅客用湿毛巾捂住口鼻。

（4）处理危险品。①将危险品装进聚乙烯袋子，确保装有危险品的容器保持直立或容器泄漏的部位向上。将用过的毛巾、手套等与该物品放在同一个袋子里，把袋子里多余气体排出，扎紧袋口。②将装有危险品的袋子放入箱子里，盖紧箱子。将装有危险品的箱子或袋子放在飞机尾部的洗手间或厨房的垃圾箱内，并关闭洗手间的门或垃圾箱的盖子。③按照处理危险品相同的方式处理受到污染的设备。

（5）着陆后。①飞机着陆后，乘务长通知地面工作人员机上装载有危险品，并且告知危险品在机上的装载位置及相关情况；②在《客舱记录本》上做相应记录，填写《机上事件报告单》。

练习题

1. 飞行遇到紧急情况需要迫降，在迫降前的准备工作中，你如何挑选援助者并向其介绍撤离工作？

2. 请演示不同类型旅客的防冲撞姿势。

3. 请摸拟训练应急撤离时的口令。

4. 为什么在紧急撤离时，要取下所有锐利物品？

第九章　客舱应急设备

教学目标

1. 了解客舱应急设备的种类。
2. 熟悉应急设备的航前检查。
3. 掌握应急设备的使用方法。
4. 了解应急设备在使用过程中的注意事项。

现代民用航空客机上都具有不同种类的应急救生设备，当飞机有任何意外发生时，乘务员都需要熟练掌握客舱应急设备的具体位置和使用方法。本章介绍了客舱主要的一些应急设备，重点介绍了应急设备的航前检查以及使用方法和注意事项。

第一节　客舱供氧与应急医疗设备的功能及使用方法

一、手提式氧气瓶（AVOX）（见图9－1）

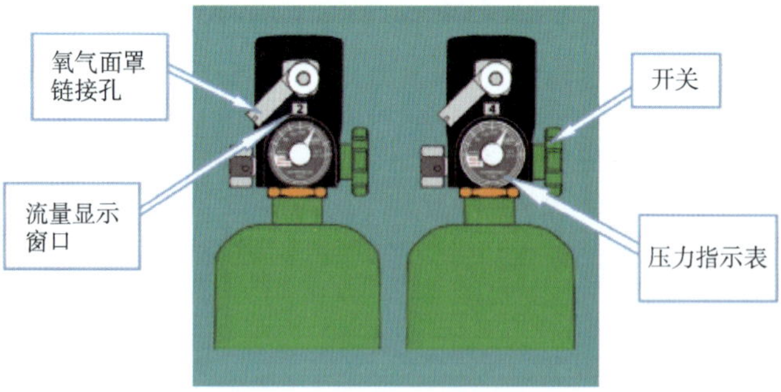

图9－1　手提式氧气瓶

（一）航前检查

（1）氧气瓶固定在准确的位置，数量正确。

（2）氧气瓶在有效期内。

（3）配套的氧气面罩绑缚于瓶身上。

（4）压力指针不低于 1 500 磅/平方英寸（psi）。

（5）手提氧气瓶的背带连接在上面，背带没有打结。

（二）手提式氧气瓶的供氧时间

（1）311 立升的氧气瓶使用高流量出口（HI Outlet），流量为每分钟 4 立升，使用时间为 77 分钟。成人和儿童在供氧时，需要使用高流量出口。

（2）311 立升的氧气瓶使用低流量出口（LO Outlet），流量为每分钟 2 立升，使用时间为 154 分钟。婴儿在供氧时，需要使用低流量出口。

（三）使用方法

（1）取下氧气瓶及氧气面罩。

（2）将氧气瓶背带套在脖子和肩上，确保有压力指针的这一面面对自己。

（3）选择高流量或低流量出口，打开防尘盖。

（4）将氧气面罩导管插入并连接好。

（5）完全地逆时针旋转开/关活门。

（6）挤压面罩开口，检查是否有氧气流出来，或轻敲氧气面罩导管的顶端，以确认有氧气流出来。

（7）戴上氧气面罩，吸氧。

（8）不需要使用氧气瓶时，使用者需要顺时针转动控制旋钮至“OFF”位置，直至显示框中出现红色条带，此时氧气流停止。

（四）使用注意事项

（1）不要摔倒或撞到氧气瓶。

（2）手上不要粘有任何油脂。

（3）使用者如是女性，需要擦掉口红、粉底等。

（4）当压力指示为 500 磅/平方英寸（psi）时，应停止使用，以便再次充氧及应急情况下供乘务员使用。

（5）使用后填写《客舱记录表》。

二、手提式氧气瓶（POCA）（见图 9－2）

手提式氧气瓶没有高低流量口选择，氧气面罩已经连接在出口上。

（一）航前检查

（1）氧气瓶固定在准确的位置，数量正确。

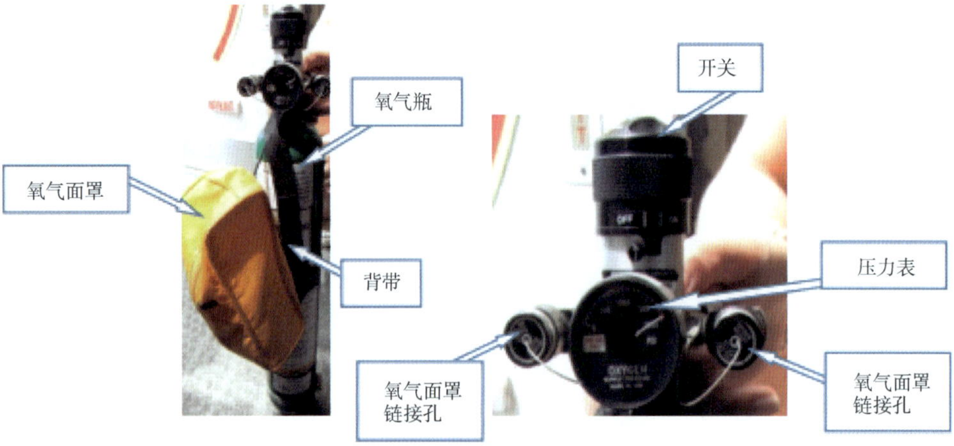

图 9－2　手提式氧气瓶

（2）配套的氧气面罩绑缚于瓶身上。

（3）压力指针不低于 1 500 磅/平方英寸（psi）。

（4）氧气瓶的背带连接在上面，无打结。

（二）使用方法

（1）取下氧气瓶和氧气面罩。

（2）将氧气瓶背带套在脖子和肩上，确保有压力指针的这一面面对自己。

（3）逆时针旋转开/关阀门，把阀门调到你想要的流量。

（4）检查氧气袋是否充满。

（5）戴上氧气面罩，正常呼吸、吸氧。

（三）使用注意事项

（1）不要摔倒或撞到氧气瓶。

（2）手上不要粘有任何油脂。

（3）使用者如是女性，需要擦掉口红、粉底等。

（4）婴儿使用时，需将开关调节至 1/2 位置。

（5）当压力指示为 500 磅/平方英寸（psi）时，应停止使用，以便再次充氧及应急情况下供乘务员使用。

（6）使用后填写《客舱记录表》。

三、应急医疗设备

根据《大型飞机公共航空运输承运人运行合格审定规则》2017 年 9 月 4 日第五次修订，飞机上必须配备的应急医疗设备有急救箱、应急医疗箱和卫生防疫包等。地面安全检查时，乘务员应对设备逐一检查，包括设备数量、位置、状态。

（一）急救箱

急救箱（First Aid Kit）用于对受伤的旅客或者机组人员止血、包扎、固定等应急处理。急救箱内配备绷带、棉签、三角巾、夹板等常用急救用品（见图9－3）。

图9－3 急救箱

1. 急救箱的使用权限

（1）执行航班的乘务员有权打开并使用。

（2）在场的医务人员或经过专门训练的其他人员在经过机长的允许后可以打开使用，但必须出示相关的医务人员证书证件。

（3）使用时要做好相应记录，乘务长或机长应在记录单上签字。

2. 急救箱的相关规定

（1）每架飞机在载客飞行中所配急救箱的数量不得少于表9－1的规定。

表9－1 载客数量对应的急救箱数量

旅客座位数（人）	急救箱数量（个）	旅客座位数（人）	急救箱数量（个）
100以下（含100）	1	301～400	4
101～200	2	401～500	5
201～300	3	500以上	6

（2）每只急救箱应当能防尘、防潮。

（3）每只急救箱内应该配备的医疗用品如表9－2所示。

表9－2 急救箱内配备的医疗用品

项目	数量	项目	数量
绷带，3列（5厘米）、5列（3厘米）	各5卷	腿部夹板	1副
敷料（纱布），10厘米×10厘米块		医用剪刀	1把
三角巾（带安全别针）	5条	医用橡胶手套	2副
胶布，1厘米、2厘米（宽度）	各1卷	皮肤消毒剂及消毒棉	适量
动脉止血带	1条	单向活瓣嘴对嘴复苏面罩	1个
外用烧伤药膏3支		急救箱手册（含物品清单）	1本
手臂夹板	1副	事件记录本或机上应急事件报告单	1本（若干页）

（4）不适于装在急救箱内的手臂夹板和腿部夹板可以存放在距离急救箱尽可能近的易于取用的位置。

（二）应急医疗箱

应急医疗箱（Emergency Medical Kit）用于对旅客或者机组人员意外受伤或者医学急症的应急医疗处理。应急医疗箱内配备血压计、听诊器、一次性注射器以及葡萄糖、肾上腺素等注射液和医疗器械。

1. 应急医疗箱的使用权限

（1）只能在非常紧急的情况下，如机上出现严重伤病旅客，并且有持有执照的医务人员在场才可以打开使用。在打开使用之前，必须确认医务人员的身份。

（2）如机上没有医务人员在场，机长有权决定打开并取用其中的相关用品。

（3）使用后，乘务长需要填写《紧急医学事件报告单》（见图 9 –4），反馈事件情况。

2. 应急医疗箱的相关规定

（1）每架飞机在载客飞行时应当至少配备一只应急医疗箱。

（2）应急医疗箱应当能够防尘、防潮，其存放位置应当避免高温或低温环境。

（3）每只应急医疗箱内应当配备的药品和物品如表 9 –3 所示。

表 9 –3　应急医疗箱内应配备的药品和物品

项目	数量	项目	数量
血压计	1 个	体温计（非水银式）	1 支
听诊器	1 副	注射器（2.5 毫升）	各 2 支
口咽气道（三种规格）	各 1 个	0.9% 氯化钠	至少 250 毫升
静脉止血带	1 根	1: 1 000 肾上腺素单次用量安瓿	2 支
脐带夹	1 个	盐酸苯海拉明注射液	2 支
医用口罩	2 个	硝酸甘油片	10 片
医用橡胶手套	2 副	醋酸基水杨酸（阿司匹林）口服片	30 片
皮肤消毒剂	适量	应急医疗箱手册（含药品和物品清单）	1 本
消毒棉签（球）	适量	事件记录本或机上应急事件报告单	1 本（若干页）

（三）卫生防疫包

卫生防疫包用于清洁、消除客舱内具有潜在可传染性的血液、尿液、呕吐液等时候使用，或为可疑传染病病人提供个人护理时使用（见图 9 –5）。

1. 卫生防疫包的使用步骤

（1）戴好医用口罩、防护眼罩、医用橡胶手套和防渗透围裙等个人防护物品。

（2）取 1 片消毒片放入 250 ~500 毫升清水中配制表面消毒液备用。

（3）消毒凝固剂均匀覆盖在潜在的传染性液体排泄物上大约 3 ~5 分钟。

（4）将凝固的污染物铲入生物有害物专用垃圾袋中。

（5）用消毒液浸泡过的毛巾或吸水纸巾对污染区进行二次消毒，每次不低于 5 分

紧急医学事件报告单

<table>
<tr><td>航班号
FLIGHT</td><td></td><td>机号
AIRPLANE NO.</td><td></td><td>日期
DATE</td><td></td><td>备降地
ALTERNATE</td><td colspan="3"></td></tr>
<tr><td>病人姓名
PATIENT</td><td></td><td>性别
SEX</td><td></td><td>国籍
NATIONALITY</td><td></td><td>年龄
AGE</td><td></td><td>证件号
PASSPORT NO.</td><td></td></tr>
<tr><td>座位号
SEAT</td><td></td><td>目的地
DESTINATION</td><td></td><td>联系电话
TELEPHONE</td><td></td><td>住址
ADDRESS</td><td colspan="3"></td></tr>
<tr><td colspan="5">事件情况 EMERGENCY</td><td colspan="5">处理过程 PREPARATION</td></tr>
<tr><td colspan="5"></td><td colspan="5"></td></tr>
<tr><td colspan="2">证明人姓名
WITNESS</td><td colspan="2">地址/电话
ADDRESS/TELEPHONE</td><td colspan="2">国藉及证件号
NATIONALITY&PASSPORT NO.</td><td colspan="2">座位号 SEAT</td><td colspan="2">签名
SIGNATURE</td></tr>
<tr><td colspan="2"></td><td colspan="2"></td><td colspan="2"></td><td colspan="2"></td><td colspan="2"></td></tr>
<tr><td colspan="2"></td><td colspan="2"></td><td colspan="2"></td><td colspan="2"></td><td colspan="2"></td></tr>
<tr><td colspan="2"></td><td colspan="2"></td><td colspan="2"></td><td colspan="2"></td><td colspan="2"></td></tr>
<tr><td colspan="2">处理人员签名
NAME OF PREPARATION</td><td colspan="2">地址
ADDRESS</td><td colspan="4">联系电话 TELEPHONE</td><td colspan="2">签名
SIGNATURE</td></tr>
<tr><td colspan="4"></td><td colspan="4"></td><td colspan="2"></td></tr>
<tr><td colspan="4"></td><td colspan="4"></td><td colspan="2"></td></tr>
<tr><td colspan="2">乘务长签名
PURSER</td><td colspan="8"></td></tr>
</table>

图 9－4 紧急医学事故报告单

钟，再用清水清洗两遍。

（6）脱下医用橡胶手套、防渗透围裙，用擦拭纸巾擦手消毒，再依次脱下防护眼罩、医用口罩，并将使用过的防护用品全部放入生物有害物专用垃圾袋中。

（7）用皮肤消毒擦拭纸巾擦手和有可能接触到的污染物的部位。

（8）将以上可疑的污染物品全部放入生物有害物专用垃圾袋中并密封，标识好航班号、日期、机型等相关信息，放于专门的位置，并封锁。

（9）填写《机上应急医疗事件报告单》。

（10）通知机场相关部门对生物有害物进行处理。

2. 卫生防疫包的相关规定

（1）每架飞机在载客飞行中所配卫生防疫包的数量不得少于每100个旅客座位1个（100座以内配1个）。

（2）每个卫生防疫包应当能够防尘、防潮（见图9－5）。

（3）每个卫生防疫包也应当配备的药品和物品如表9－4所示。

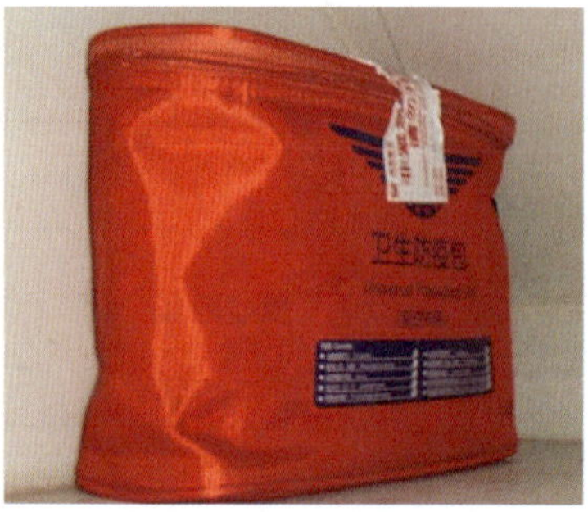

图9－5　卫生防疫包

表9－4　卫生防疫包内应配备的药品和物品

项目	数量	项目	数量
液体、排泄物消毒凝固剂	100克	大块吸水纸（毛）巾	2块
表面清理消毒片	1～3克	便携拾物铲	1套
皮肤消毒擦拭纸巾	10块	生物有害物专用垃圾袋	1套
医用口罩和眼罩	各1个（副）	物品清单和使用说明书	1份
医用橡胶手套	2副	事件记录本或机上应急事件报告单	1本（若干页）
防渗透橡胶（塑料）围裙	1条		

第二节　客舱灭火设备的结构及使用方法

一、火灾的种类

A类：可燃烧的物质（Material），如枕头、毛毯、纸等。

B类：易燃的液体（Flammable Liquids），如酒精，香水等。

C类：电器设备（Electrical Fire），如厨房烤箱、娱乐设备等。

D类：金属（Metal Fire），如飞机机身失火等。

二、火灾的元素

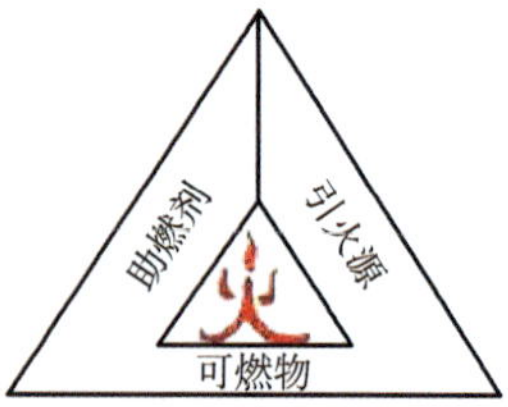

图9－6　火灾三要素

火灾发生的三要素是助燃剂、可燃物和引火源（见图9－6）。这三个要素缺少任何一个，燃烧不能发生和维持，因此火灾的三要素是火灾燃烧的必要条件。如果能够阻断火灾三要素的任何一个要素就能将火扑灭。

三、灭火设备

（一）海伦灭火器 AIR TOTAL（BCF）

海伦灭火器适用于各种类型的火情（见图9－7）。

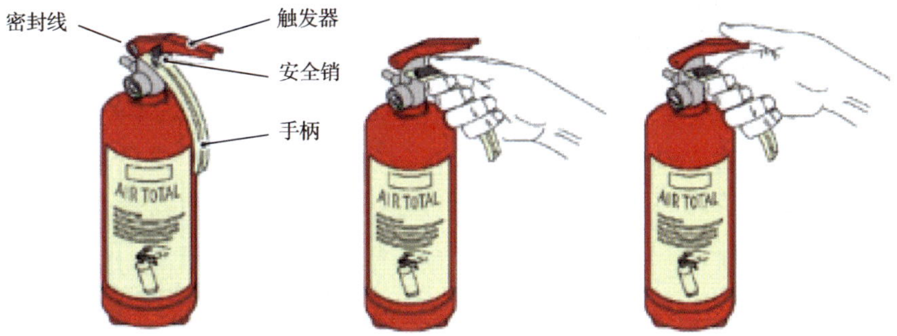

图9－7 海伦灭火器

1. 航前检查

（1）固定在准确的位置，数量准确。

（2）压力指针在绿色的区域。

（3）黑色安全销在位，并铅封完好。

2. 使用方法

（1）解开固定的锁带，从支架上取下。

（2）释放黑色安全销。

（3）垂直握住瓶体。

（4）四指在手柄下，大拇指在红色触发器上端，同时按压。

（5）对准火源处2～3米喷射。

3. 使用时间

大约10秒。

4. 使用注意事项

（1）瓶身不要倾斜或倒握。

（2）灭火之后，应将火区用水浸透（不适用于电器设备失火），以免里层仍有余火。

（3）在开放的空间，可以直接喷洒人体身上的火（禁止对头部进行喷洒，以免造成窒息死亡）。

（二）轻型手提式水灭火器

轻型手提式水灭火器适用于 A 类的火灾处理，如毛毯、枕头、纸、木织物等（见图 9 - 8）。

1. 航前检查

（1）固定在正确的位置，数量正确。

（2）铅封完好，无破损。

（3）手柄上指示圆点为银白色（见图 9 - 9）。

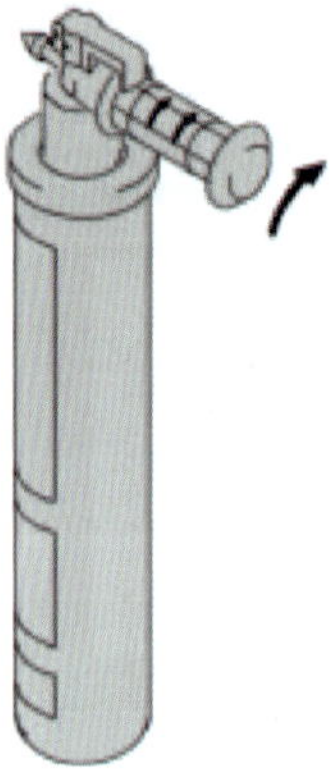

图 9 - 8　轻型手提式水灭火器

图 9 - 9　水灭火器指示圆点

2. 使用方法

（1）从支架上取下。

（2）保持灭火器垂直向上握住瓶体。

（3）向右转动手柄。

（4）站在距火源处 2 ~ 3 米，按下触发器。

（5）对准火源底部灭火。

3. 使用时间

持续大约 40 秒。

4. 使用注意事项

（1）不能用于电器类和油类的火灾。

（2）不能横着或倒着使用。

（三）呼吸保护装置（Protective Breathing Equipment，PBE）

呼吸保护装置用于客舱机组成员在客舱封闭区域失火和有浓烟时使用，可以保护灭火者的眼睛及喉咙不受浓烟和火的侵害。

1. 航前检查

（1）固定在正确的位置。

（2）包装盒未被开启。

（3）观察窗的指示为绿色（见图 9－10）。

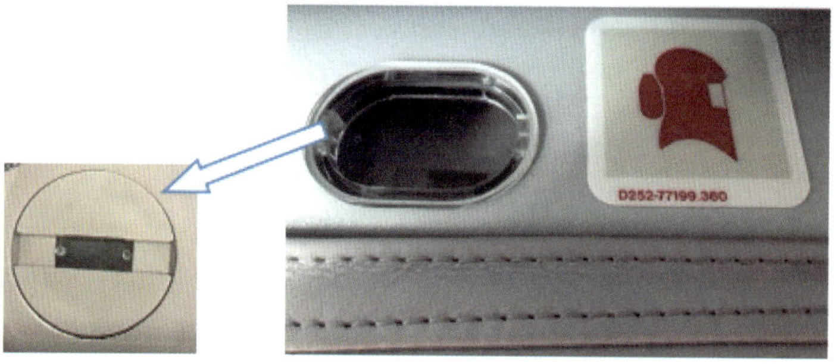

图 9－10　观察窗

2. 使用方法

（1）打开 PBE 储存盒。

（2）从储存盒里取出包装，撕掉袋口的封条。

（3）从包装袋内取出 PBE，摇一摇将它打开。

（4）找到密封胶圈上橘红色标志，用两手的大拇指从此处撑开，将 PBE 从后向前穿戴好。

（5）将头发放在头罩内，确认颈部的密封胶圈与脖颈贴好。

（6）移动呼吸器使其与口鼻处于吻合状态（见图 9－11）。

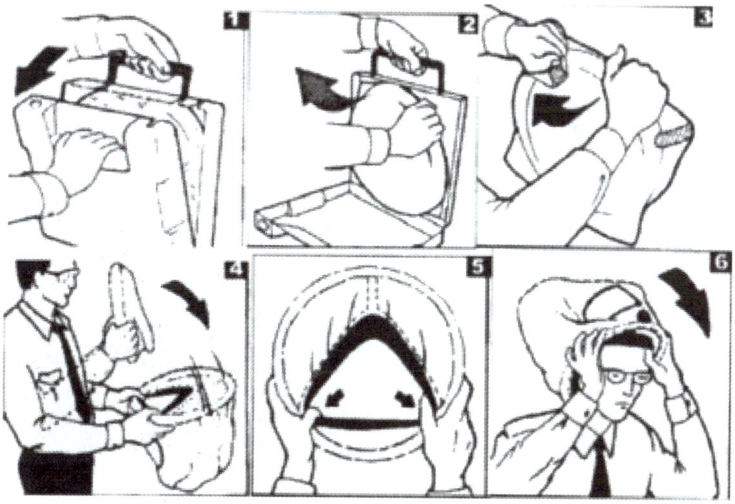

图 9－11　PBE 使用方法

3. 使用时间

持续 15 分钟。

4. 使用注意事项

（1）必须在非浓烟区穿戴和取下。

（2）头发必须全部放在面罩内，衣领离开密封胶圈。

（3）当呼吸困难时，当面罩开始起雾或嘶嘶声停止时，表示氧气即将用完，应迅速到安全区摘下面罩。

（4）取下面罩后，因头发内残留有氧气，不要靠近有明火或火焰的地方，要充分抖散头发。

（5）使用之后把 PBE 放在卫生间槽里，把卫生间的纸巾和厕所用品移开，关闭卫生间。

（四）救生斧（Crash Axe/Fire Axe，FX）

救生斧的手柄为绝缘体，以防止电击（见图 9－12）。有一端为尖头，另一端为宽口，用于劈开着火点附近的障碍物，以及在需要时劈开机身作为撤离出口。

1. 使用方法

从固定支架上取出救生斧，灭火时用尖端一头制造一个开口，再用宽端将开口扩大。

2. 使用注意事项

（1）不可作为凶器，危害飞行安全。

（2）客舱发生火灾时，客舱乘务员在使用时一定要征得机长同意。

（五）石棉手套（Protective gloves，AG）

石棉手套灭火时用于隔热，保护双手（见图 9－13）。

图 9－12　救生斧

图 9－13　石棉手套

第三节　紧急撤离设备的功能及操作方法

一、常规应急撤离设备

（一）应急手电筒（Emergency Flash Light，EF）

应急手电筒仅限于在紧急情况下提供照明、发出指令和信号时使用（见图 9－14）。

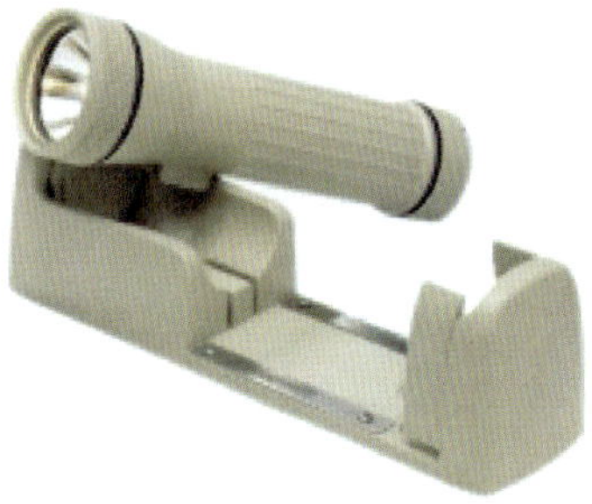

图 9－14　应急手电筒

1. 航前检查

（1）固定在正确的位置，数量正确。

（2）LED 灯每 5 秒闪一次。

（3）防护装置和保护带完好无损。

2. 使用方法

从储藏的位置取下应急手电筒，自动照明。

3. 使用时间

持续 4 小时。

4. 使用时注意事项

（1）若手电筒在支架上存放不当，会导致电量在 4 小时内耗尽。

（2）只能在紧急情况下使用。

（二）麦克风（Loudhailer，LH）

麦克风用于喊话和发信号，可以在舱内和舱外使用（见图 9－15）。

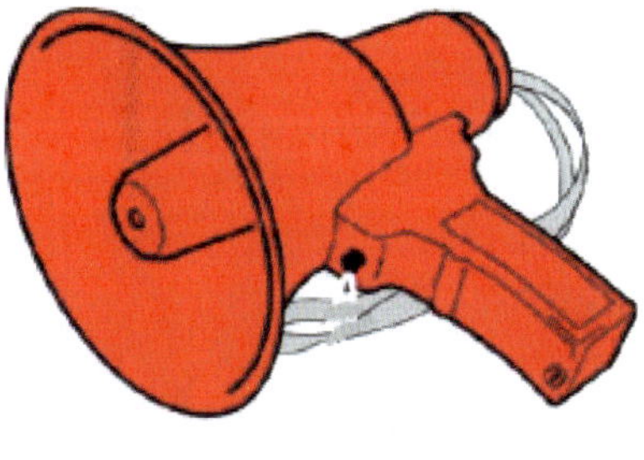

图 9－15　麦克风

1. 航前检查

（1）固定在正确的位置，数量正确，状态良好。

（2）按下说话的按钮并敲击麦克风能够听到放大的声音。

2. 使用方法

按下手柄处的说话按钮，对着麦克风说话即可，松开即停止。切记不要高声呼喊。

3. 使用时间

持续时间为 6 小时。

（三）救生衣（Life Jacket，LJ）

救生衣用于水上迫降撤离时使用。救生衣分为旅客救生衣和机组救生衣。旅客的救生衣是黄色，机组人员的救生衣是橘红色。在迫降撤离时，戴上救生衣可以在空旷的地带显出对比色彩，以便营救人员及时发现。在低温地区救生衣也可以起到御寒的作用。

1. 航前检查

救生衣在固定的位置，数量正确，状态良好

2. 成人救生衣使用方法

（1）取出救生衣，经头部穿好，红色充气手柄应在身前。

（2）将带子从后面向前扣紧，调节带子的松紧。

（3）在客舱内不要充气，离开飞机时，拉下红色充气手柄充气。

（4）若救生衣充气不足或充气失败时，可以使用救生衣上部的人工充气管，用嘴向里充气（见图9－16）。

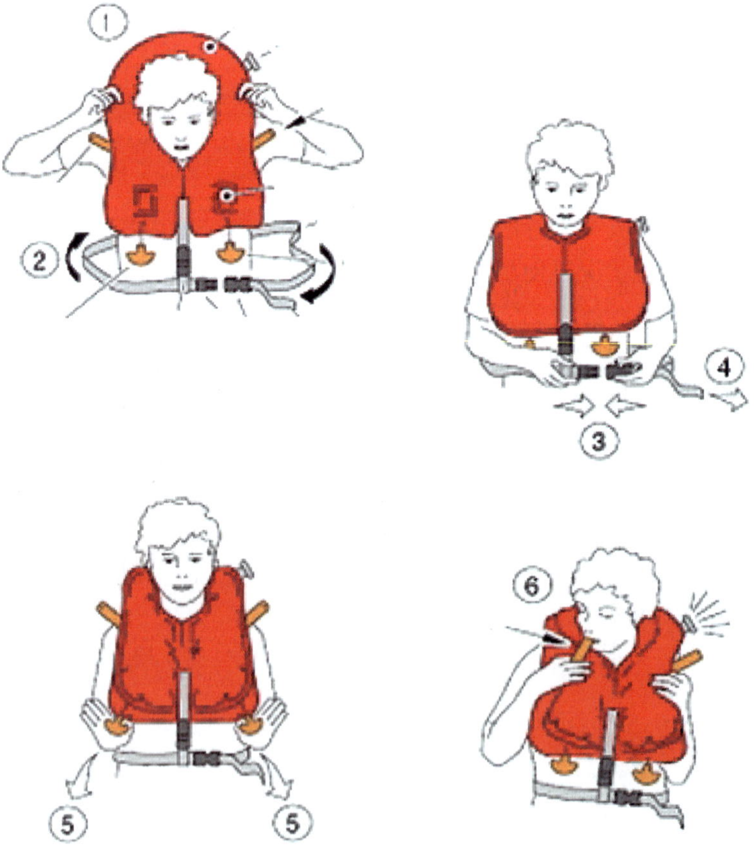

图9－16　成人救生衣穿戴方法

3. 儿童穿戴救生衣方法

（1）取出救生衣，经头部穿好，红色充气手柄应在身前。

（2）将带子放在两腿之间，扣好系紧。

（3）多余长度的带子缠在儿童的腰间。

（4）儿童离开座位后充一半的气（见图9－17）。

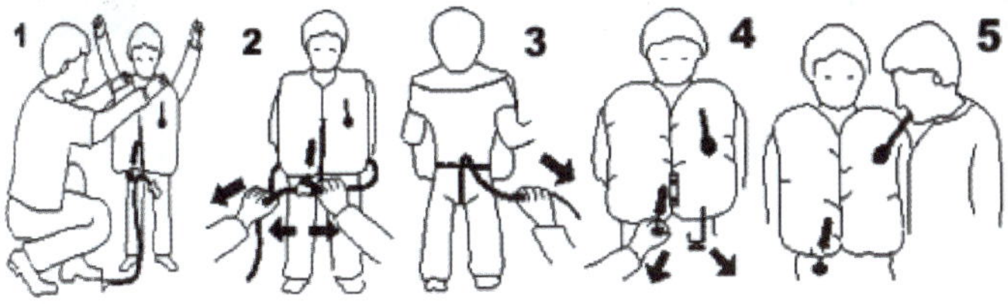

图9－17 儿童救生衣穿戴方法

4. 婴儿穿戴救生衣方法

（1）取出救生衣，经婴儿双臂由前向后穿好。

（2）将带子从婴儿的胯下穿过到背部，用三合扣扣紧。

（3）将婴儿背部救生衣的扣带扣好系紧。

（4）婴儿抱离开座位后充气，婴儿救生衣的带子要系在成人救生衣的扣环上（见图9－18）。

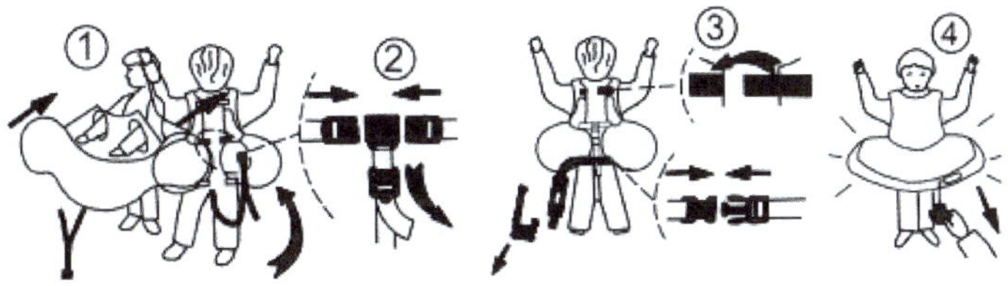

图9－18 婴儿救生衣穿戴方法

5. 使用救生衣注意事项

（1）旅客应在离开飞机前充气，因为救生衣在客舱内充气会很臃肿，撤离时相互拥堵，也容易被尖锐物品划破，漏气。

（2）一周岁以上的儿童都使用成人救生衣，一周岁以下的使用婴儿救生衣。

（3）救生衣应穿在所有衣服的最外面。

（4）救生衣只能在紧急情况是才能使用，正常情况下不要使用救生衣，更不能带下飞机。

（四）应急定位发射机（Emergency locator Transmitter，ELT）

应急定位发射机用于飞机在遇险之后，向外界发射定位信号，以便搜寻营救（见图9－19）。

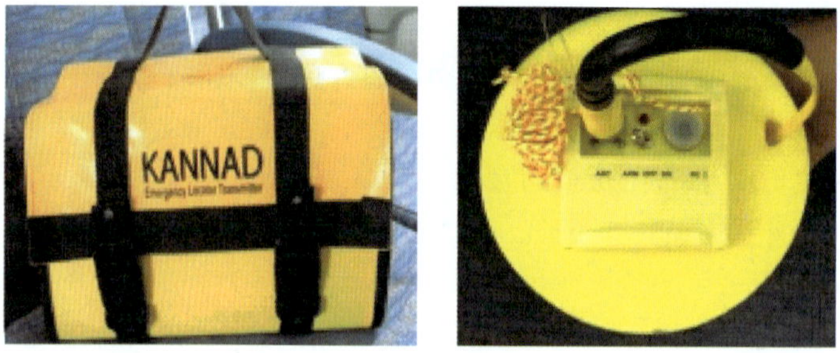

图9－19　ELT

1. 使用方法

（1）水上迫降的使用方法：①将ELT挂钩系在漂浮装置上；②释放ELT天线使其竖直，并漂浮在水面上；③打开ELT开关在“ON”位；④将ELT缓慢放入水中。

（2）陆地迫降的使用方法：①在空旷地带打开保护盒；②取出ELT，人工拔直天线；③将开关调至“ON”位，发报机开始自测程序；④信号发射期间，指示灯亮，工作报警鸣响；⑤使用完毕，将开关调至“OFF”位置。

2. 使用注意事项

（1）ELT工作时，天线必须保持竖直状态。

（2）周围无障碍物。

二、救生包（Survival kit，SK）

救生包内的东西对于在水上紧急迫降情况时的生存很有用处，准备迫降时应先将SK包连接到每一个滑梯救生筏的锁扣装置上，在水上撤离时客舱乘务员应确保SK包都是系在滑梯救生筏上的，在水中SK包由一根绳索连接，拖挂在救生船外，在救生船与飞机脱离后，尽快将其拉进船内。救生包可以为紧急撤离后的生存提供帮助。救生包里的设备包括以下几种。

（一）吸水海绵（Dehydrated Sponge）

吸水海绵用于清除船内积水。

（二）舀水桶（Bucket）

舀水桶用于收集淡水或者舀尽救生筏内的积水。

（三）口哨（Whistle）

口哨在晚上或在环境嘈杂时用于召唤、组织指挥幸存者，也可以召唤其他救生船或水上最近区域的船只。

（四）救生筏修补钳（Raft Repair Kits）

救生筏修补钳用来修补破损的救生船面，操作时要小心撕开或用小刀割开小的磨损口，将修补钳下部的垫片穿入磨损口，然后面向内层将垫片放平然后将上方的盖片压下盖好封严，最后放下翼形螺帽将修补钳的两部分垫片拧在一起。

（五）海水染色剂（Sea Dye Marker）

海水染色剂内含有的化学试剂可以将救生船周围 300 米的水染成荧光绿色，以便给营救者提供营救信号。在晴天和日光下平静的海面上更容易被看到。

使用方法：将绳索系在救生筏逆风的一面，拉下拉环释放染色剂，将染色剂扔到水中即可。

（六）信号镜（Signaling Mirror）

信号镜用来向过往的飞机和海上的船只反射太阳光，镜面上反射光的视线距离可以被 32 公里范围内的救援者发现。

（七）救生手册（Survival Manual）

救生手册包括救生筏及求生设备的使用和维护说明，使用防水材料，不易腐烂。

（八）饮用水（Water）

救生包中装有几升的饮用水，饮用水应注意保存，必要时再用。

（九）小刀（Pen knife）

小刀用于应急的切割物品使用。

（十）水净化片（Water Purification Tablet）

水净化片用于净化收集到的淡水，一片药可以净化一升水。净化时间大约为 10 分钟。

（十一）火焰昼夜信号弹（Day/Night Flares）

火焰昼夜信号弹可以提供远距离红色伞状信号，白天或晚上都可以使用，最高目视距离为 50 公里，射程 300 米，烟雾持续时间 40 秒钟。

使用方法：手握信号弹的螺纹把手垂直放于头上方，旋开红盖子，引燃信号弹，严禁对准人或物体。

使用注意事项：水上迫降时，必须在船的风下侧握住信号弹伸出船外，在水面上方发射；陆地迫降时，应在高的开阔地带使用。

（十二）帐篷与支撑杆（Canopy support Rods and Masts）

帐篷与支撑杆可以防止日晒雨淋，也可以用于收集可饮用的雨水和露水。帐篷还能利用其明亮的颜色作为求救信号。

（十三）急救用品（First Aid Equipment）

急救用品包含各类基本的急救用品，如烧伤药膏、消毒剂、绷带等。

三、救生筏

（一）滑梯救生筏

滑梯是在紧急情况下提供旅客和机组人员撤离的设备，在水上撤离时，可以作为救生筏使用。

1. 操作方法

（1）确认舱门处于滑梯预位状态。

（2）像平常一样打开舱门。

（3）滑梯会自动充气和释放，一般充气完成需要 4 ~ 6 秒。

（4）滑梯充气失效时，要充分拉出红色人工充气手柄给滑梯人工充气。

2. 滑梯与机体分离

当遇到水上撤离时，滑梯要与机身完全断开分离，具体方法如下（见图 9 - 20）。

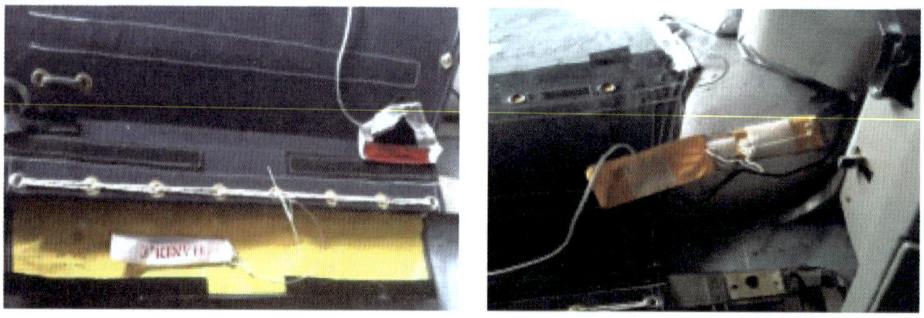

图 9 - 20 滑梯与机体分离

（1）掀开地板与滑梯连接处的盖布，并拉出白色的断开手柄，滑梯会与机身自动断开分离。

（2）如果分离失败，使用滑梯救生筏上的钩形小刀割断系留绳使其与飞机脱离。

（二）辅助救生筏

在紧急情况下可能出现滑梯救生筏不能被全部释放使用，导致撤离人员的数量大于实际滑梯救生筏载客量的情况。所以在具有“延伸跨水运行”能力的飞机上配备了辅助救生筏（见图 9 - 21）。

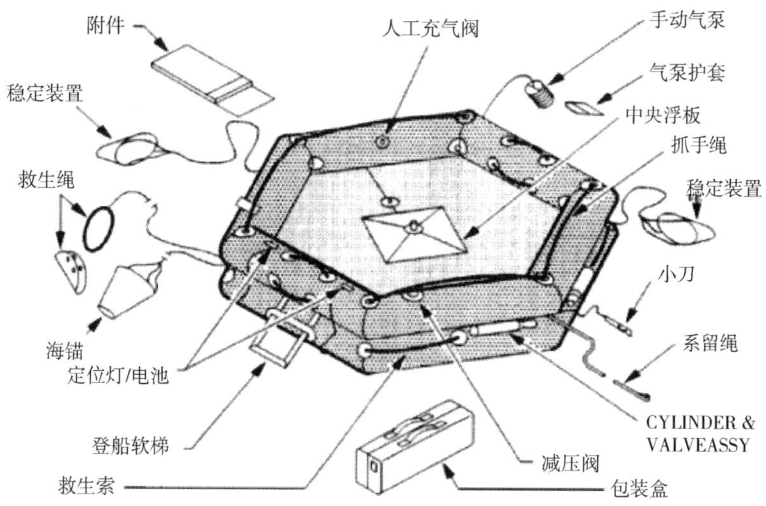

图 9－21 救生筏打开后的装置图

1. 操作方法

（1）从行李架上抬出辅助救生筏，搬运到机舱门处（至少需要两人）。

（2）救生筏一头有一块红色盖布，拉出系留绳的弹簧扣固定在客舱出口处牢固的物体上（如旅客的座椅档杆上）。

（3）将救生筏投入水中，让其在水上漂离飞机一段距离，当系留绳绷紧时，猛拉充气手柄使救生筏充气。

（4）待旅客登筏完毕后，用小刀割断系留绳，使救生筏完全脱离飞机。

（5）救生筏需滑向远离飞机的区域。

2. 救生筏内包含的设备

（1）定位灯（Locator Lights）。救生筏遇水会自动亮起，灯光能帮助营救人员或落水者在夜间识别救生筏。

（2）救生圈（Heaving Line）。营救落水者使用，可供落水者漂浮时攀牵用，直到由登筏处上筏。

（3）救生绳（Life Line）。救生筏上连接一个带有橡皮环的绳子，用来营救落水者或者将救生筏与救生筏之间进行连接。

（4）人工充气泵（Hand Pump）。当救生筏充气不足时给其充气。

（5）海锚（Sea Anchor）。海锚可以使救生筏在海面漂浮时尽量保持平衡，减少飘荡的速度。

（6）登筏处（Boarding Station）。落水者应从救生筏两端的登筏处登上救生筏。

（7）小刀（Hook Knife）。安装在系留绳旁边的刀具，用于水上迫降时割断系留绳，使救生筏与飞机脱离。

练习题

1. 如果飞机厨房的烤箱失火，乘务员可以使用的灭火设备有哪些？
2. 在紧急撤离时，为什么救生衣不能在客舱内充气？
3. 救生包里的应急物品有哪些，作用分别是什么？
4. 请准确说出呼吸保护装置的航前检查及使用方法。
5. 为什么手提式氧气瓶在压力指示为500psi时应停止使用？

第十章　机上急救

教学目标

1. 了解生命体征，掌握急救的原则。
2. 熟练掌握心肺复苏的操作步骤和方法。
3. 掌握机上常见的各类疾病的处理方法。
4. 掌握简单的包扎、搬运伤者的方法。
5. 了解常见的传染病。
6. 掌握机上分娩的操作步骤。

乘务员在飞行途中常常会遇到许多突发病情或者意外受伤的旅客，因此乘务员在上岗前都必须经过专业的医务培训，掌握基本的急救知识。在紧急情况下，乘务员必须及时提供必要的、基本的救援及护理，确保在飞机落地专业医务人员赶到前给予受伤或病发的旅客基本的急救。本章将介绍机上急救的基本措施，以及各种不同种类疾病的处理方法。

第一节　生命体征

一、生命体征的概念

生命体征是用来判断病人的病情轻重和危急程度的指征，生命四大体征包括体温、脉搏、呼吸和血压。

（一）体温

体温是反应病情变化的综合指标。成人正常的体温是36.2～37.2摄氏度。

（二）脉搏

脉搏是指检查腕部或其他部位的动脉而数得的每分钟心跳次数。在平静休息的状态下，正常的成年人脉搏在60～100次/分钟，儿童在80～120次/分钟，婴儿在110～140次/分钟。在测量脉搏时，要记录脉搏的速度、强弱和节奏。脉搏会因为各种病理或生理情况而发生变化。例如，紧张、流血、发烧、休克会使脉搏搏动增快；而脑部受伤会使脉搏搏动减弱。

在紧急情况下，乘务员检查脉搏的时间不应超过10秒，如10秒内没有明确触摸到脉搏，应开始心肺复苏，不推荐花费过多时间判断有无脉搏搏动。

常见的测量脉搏的三种方法：

1. 桡动脉

将我们的手臂轻松放在桌面上，也可以放在自己的腿上，将食指和中指压在桡动脉处，力度适中，能感觉到脉搏搏动就行（见图10－1）。

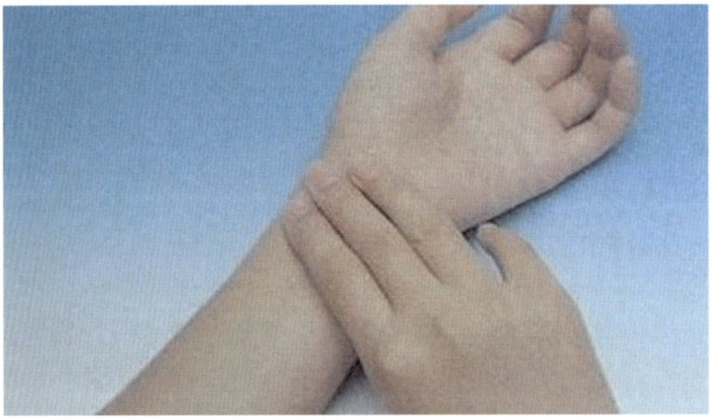

图10－1　桡动脉

2. 颈动脉

在脖子侧边感觉脉搏，将食指和中指放在喉部和胸锁骨肌肉之间的凹陷处。轻轻按下，直到感觉到脉搏。旅客若失去意识的情况下可以采取此方法测量脉搏（见图10－2）。

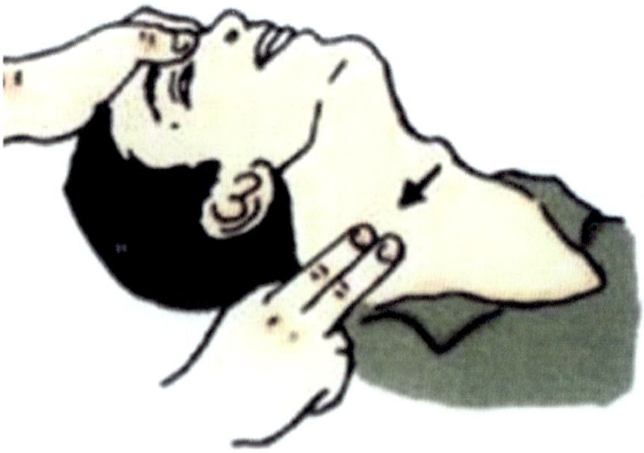

图10－2　颈动脉

3. 肱动脉

食指和中指放在大手臂肌肉的凹陷处。这个方法适用于对婴儿的测量（见图 10－3）。

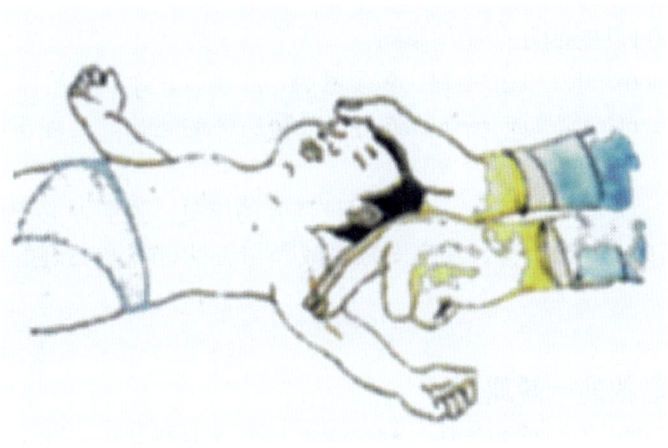

图 10－3　肱动脉

（三）呼吸

呼吸是身体获取氧气的方式，一次呼吸分为呼出和呼入两个过程，呼吸也会因为各种生理或病理情况而发生改变。在平静的休息状态下，一般成年人的呼吸频率为 16～20 次/分钟，儿童在 18～30 次/分钟，婴儿在 30～35 次/分钟。

（四）血压

血压是最常用、最容易测量的生命体征之一，它反映了循环系统的功能状态。当人出现大出血或休克时，血压将会低于 90/60 毫米汞柱（mmHg）或 12/8 千帕（kPa）。

第二节　急救的原则

一、急救的含义

急救，英文叫作 First Aid，简称 FA。First，即立即的，在任何人之前。Aid，即协助、帮助救治。

因此我们可以对急救理解为：当有任何意外或急病发生时，施救者应及时地，在医护人员到达前按医学护理的原则，利用现场适用物资临时及适当地为伤病者进行的初步救援及护理。乘务员不是医务人员，所以客舱乘务员在机上处理急救情况时，不是诊断旅客的病情或进行预先的治疗，而是提供必要的、基本的急救，最大限度地减少伤病的痛苦，降低致残率，减少死亡率，直到专业医务人员赶到现场。

二、急救的目的

急救的目的可以概括为“3P”原则：

（1）To preserve life：保护生命。恢复呼吸、心跳、止血、救治休克。

（2）To prevent condition worse：防止伤势和病情的恶化。处理伤口、固定伤肢部位等。

（3）To promote casualty’s recovery：促进伤者的康复。避免非必要的移动，小心处理，保持最舒适的坐、卧姿势，善言安慰以减轻伤者的疼痛和心理的焦虑不安，立即安排医疗护理。

三、机上急救的一般原则

（1）及时观察病人的生命体征，判断病情是否会威胁其生命并采取相应的基本急救措施。

（2）只有在告诉旅客并得到同意的情况下，才能给其服用口服药。在提供任何药物前必须要问清病人感受、病史、是否对任何药物过敏、是否怀孕、是否有饮酒等情况。

（3）广播寻求医疗协助，寻找旅客中是否有持有执照的医生或护士，注意核实其身份。

（4）及时报告机长，并让机长了解病人情况、症状等。

（5）除非有绝对的必要，否则不要移动患者，保持最适合病人的体位。

（6）在急救时，应选用恰当的言辞来表达出乘务员愿意并有能力帮助处理病人的伤病。

（7）急救时，应避免其他旅客的围观，乘务员应维持好客舱秩序，疏散并安抚其他旅客。

（8）急救时，应先抢救危重者；遇到出血时应先止血再包扎；遇到心跳呼吸停止又骨折的病人，应先心肺复苏，待有生命体征再进行包扎。

四、自我保护注意事项

（1）提供急救时，注意保护自己和旅客，尽可能戴上口罩以降低被感染的风险。

（2）采用保护措施以防止皮肤或嘴巴直接接触任何体液、血液和伤口等地方。建议戴上手套，或者利用塑料袋或纸巾等。

（3）处理伤口后，要把所有的污染物和废弃物单独放置，统一销毁，以防止污染扩散。

（4）急救后应尽快洗手。

（5）如果乘务员在提供急救时接触了任何体液，应如实报告实情。

五、机上广播：寻找医务人员

女士们、先生们，请注意，现在机上有一位生病的旅客急需医务人员的帮助，如您是医生或护士，请立即与乘务员联系，谢谢。

Ladies and gentleman, if there have any medical qualified person, please notifying cabin crew. Thank you.

第三节 心肺复苏

一、心肺复苏的概念

心肺复苏简称 CPR（Cardio Pulmonary Resuscitation），是针对呼吸和心跳停止的病人所采取的抢救措施，即利用胸外按压或其他方式形成暂时的人工循环并恢复心脏的自主搏动和循环。心肺复苏的目的是开放气道、重建呼吸和循环。心肺复苏是抢救生命最基本的医疗方法，是最重要的急救技能。

二、心肺复苏的意义

（1）心跳和呼吸骤停是临床最紧急的情况。当人突然发生心跳、呼吸停止时，必须在 4 ~8 分钟内建立基础生命维持，保证人体重要脏器的基本血氧供应，直到建立高级生命维持或自身心跳、呼吸恢复为止，其具体操作即心肺复苏。

（2）对于在短时间内出现呼吸和心跳停止的病人，如果能立即进行心肺复苏术将会为进一步的救治争取宝贵的时间。通常 4 分钟内进行心肺复苏，有 32% 的概率能存活；4 分钟以后再进行心肺复苏，只有 17% 的概率能存活。

三、心肺复苏处置步骤

心肺复苏的步骤一般采用“DRCAB”的顺序进行（见图 10 –4）。

（1）D—Danger：危险。

（2）R—Response：反应。

（3）C—Circulation：胸外按压（人工循环）。

（4）A—Airway：气道。

（5）B—Breathing：人工呼吸。

（一）检查危险

检查现场是否有危险，是否有任何危害于病人、乘务员或者其他旅客的人或物，

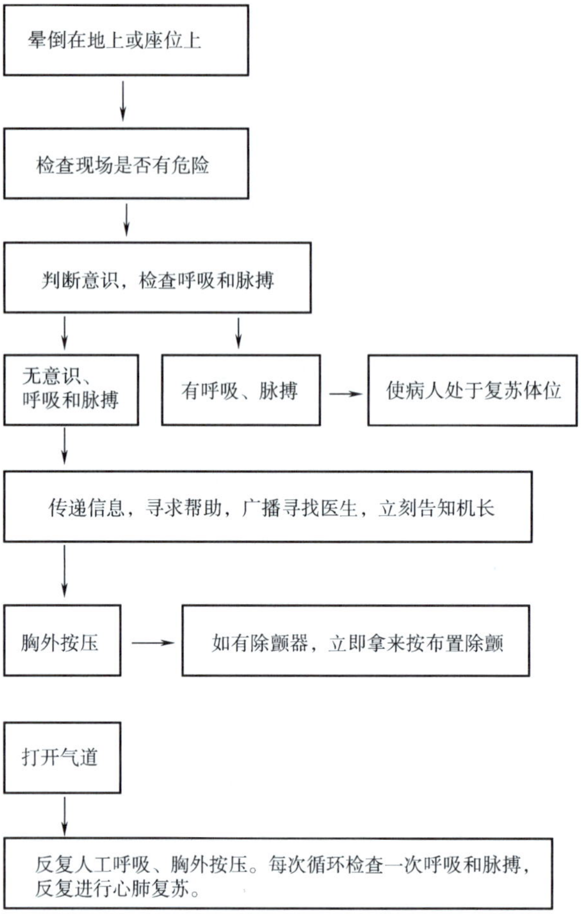

图 10－4　心肺复苏处置步骤图

这是急救的第一步。既是确保救助者和病人的人身安全，也是为了防止病人的第二次受伤。

（二）检查反应

1. 检查病人是否有任何反应以及清醒程度

跪在病人的身边，双手拍打病人的肩部，反复呼叫：先生/女士，你能听到我说话吗？先生/女士，你怎么了？如果是婴儿，拍击其足跟，看其是否会哭泣。

2. 检查呼吸

三个原则：看、听、感觉。看胸腔是否有起伏变化；听鼻子和嘴巴是否有呼吸的声音；感觉鼻子和嘴巴是否有呼吸的气流出来。

3. 检查脉搏

成人和儿童触摸颈动脉，婴儿触摸肱动脉，在 10 秒内判断病人有无脉搏。

（三）呼叫救援

立即叫救援，其他乘务员需机上广播寻求帮助，并告知机长病人情况。

（四）置于复苏体位

1. 如果旅客没有意识，但有呼吸和脉搏，把他放在复苏体位给予照顾

复苏体位，又称为恢复体位。昏迷的病人平放在地上是非常危险的，这种体位很容易出现呼吸道阻塞而导致死亡。这时应该将病人调整为有利于恢复呼吸的姿势，即"复苏体位"。复苏体位可以防止意识丧失者的舌头后坠或黏液、呕吐物阻塞气道而窒息，并有利于口腔内液体引流，尽可能地减少呕吐物的吸入。

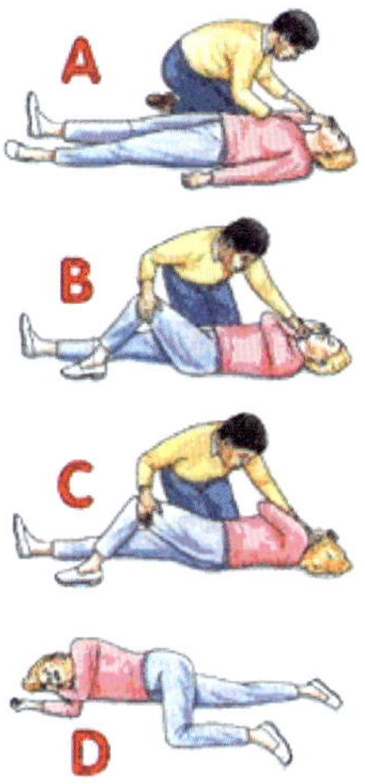

图 10－5　复苏体位

2. 复苏体位具体方法

（1）将他离你较近的那只胳膊以一个合适的角度弯向他的身体。

（2）然后将他的另一只胳膊越过胸膛直到他的手贴在另一侧脸颊上，并将手保持在那个位置。

（3）将他离你较远的那条腿从膝盖处弯曲，然后使患者在保持膝盖处弯曲的同时，将他向你的方向拉，以便让他侧躺（见图 10－5）。

注意：不要喂水、喂食、喂药，密切观察呼吸情况，叫救援，拿急救箱、氧气，拿毯子给旅客盖上。若发现呼吸停止，应立即给予心肺复苏急救。

（五）胸外按压

如果旅客没有意识、呼吸和脉搏，立即将其翻转为仰卧（心肺复苏体位）进行胸外按压。

是否要对病人进行心肺复苏，关键在于其心脏是否骤停，病人只要满足先决条件，就算有外伤出血也要进行心肺复苏，因为长时间的脑缺氧会对大脑造成不可逆的损伤，对于一个心跳已经停止的病人来说，进行 CPR 操作是否会造成其他伤害已经不是最主要考虑的问题。

在徒手心肺复苏过程中，施救者应以至少 5 厘米的深度对病人实施胸部按压，同时避免胸部按压深度过大（大于 6 厘米）。

1. 成人按压

按压成人胸部正中两乳头连线正中点，即胸骨下 1/2 处。

（1）确保病人仰卧于平地上，救护者可采用跪式或踏脚凳等不同体位。

（2）将一只手的掌根放在病人胸部正中两乳头连线正中点的中央，胸骨下 1/2 处，将另一只手的掌根置于第一只手上，双手掌跟重叠，十指相扣，手指不接触胸壁。

（3）按压时双肘须伸直，垂直向下用力按压，成人按压频率为至少 100 次/分钟，下压深度至少为 5 厘米，每次按压之后应让胸廓完全回复。

（4）按压时间与放松时间各占50%左右，放松时掌根部不能离开胸壁，以免按压点移位。

（5）单人操作时，心脏按压30次，人工呼吸两次，按压与吹气比例为30：2，每做5个循环观察一次生命体征。

（6）双人操作时，一人位于病人身旁，按压胸部30次，另一人在病人头的旁侧，监测颈动脉搏动，以确定病人是否恢复自主呼吸和循环，并进行人工呼吸两次（见图10－6）。

图10－6　成人按压

2. 儿童按压

按压儿童胸部正中两乳头连线正中点，即胸骨下1/2处。

（1）对于儿童患者，用单手掌跟或双手掌跟按压乳头连线正中点。

（2）手臂伸直，垂直向下用力。

（3）按压深度为4～5厘米。

（4）放松时，掌跟不要离开胸壁。

（5）按压频率至少为100次/分钟。

（6）按压与吹气比例为30:2。

（7）儿童用双手掌跟按压时，力量要减小。

3. 婴儿按压

按压婴儿胸部正中，乳头连线下方水平处。

（1）救护者用一手食指置于婴儿两乳头连线与胸骨交界处，中指和无名指与食指并拢置于胸骨上。

（2）将食指抬起，中指和无名指同时用力垂直向下按压。

（3）按压深度大约为4厘米。

（4）放松后，手指不要离开胸廓，确保位置准确。

（5）按压频率至少为100次/分钟，按压与吹气比例为30:2。

如双人或多人施救，应每2分钟或5个周期CPR（每个周期包括30次按压和2次人工呼吸）更换按压者，并在5秒钟内完成转换，因为研究表明，在按压开始1～2分钟后，操作者按压的质量就开始下降（表现为频率和幅度以及胸壁复位情况均不理想）

（见图 10－7）。

4. 错误的胸外按压

（1）以小于 100 次/分钟或大于 120 次/分钟的速度按压。

（2）成人按压深度小于 5 厘米或超过 6 厘米。

（3）在按压间隙倚靠在病人胸部。

（4）按压中断时间大于 10 秒。

（5）人工呼吸次数过多，呼吸用力过度。

5. 胸外按压注意事项

（1）确定病人无意识、无呼吸和脉搏，开始胸外按压时要保持准确的按压位置。

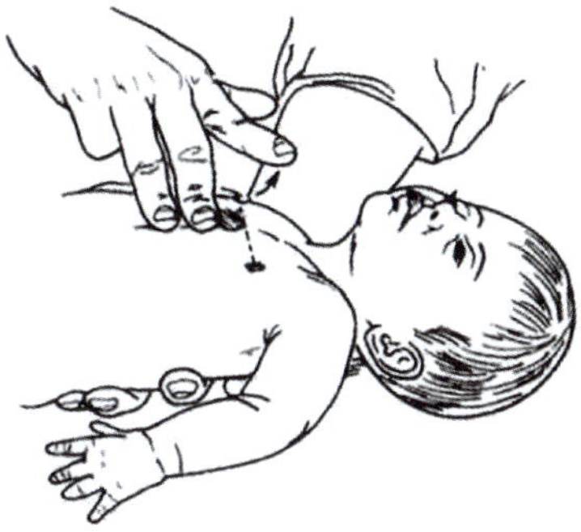

图 10－7 婴儿按压

（2）按压力度要均匀，不可过猛，按压和放松时间要相等。

（3）每次按压后必须完全解除压力，使胸腔回到正常位置。

（4）按压要有节律性，频率不能忽快忽慢。

（5）按压时要随时观察病人的反应及面色的改变。

（六）打开气道

检查病人的通气道是否畅通，这是进行人工呼吸前至关重要的一步，这一步要将病人平卧于地板上，解开衣领、领带、腰带等紧身衣物，迅速清除病人口鼻中的异物，比如假牙、坚果、痰液等堵塞呼吸道的东西，保证病人呼吸道的畅通，气体能够自由出入。常用的开通气道的方法有两种。

1. 仰头举颏法（Modified Jaw Trust）

救护者将一只手放在病人前额，用手掌下压使其头部后仰，另一手的食指和中指置于靠近颏部的下颌骨下方，将颏部向前抬起，帮助头部后仰，气道开放。必要时拇指可轻牵下唇，使口微微张开。

注意：成人头部后仰的程度为下颌角与耳垂连线垂直地面，呈 90 度角；儿童头部后仰的程度为下颌角与耳垂连线与地面呈 60 度角；婴儿为 30 度角（见图 10－8）。

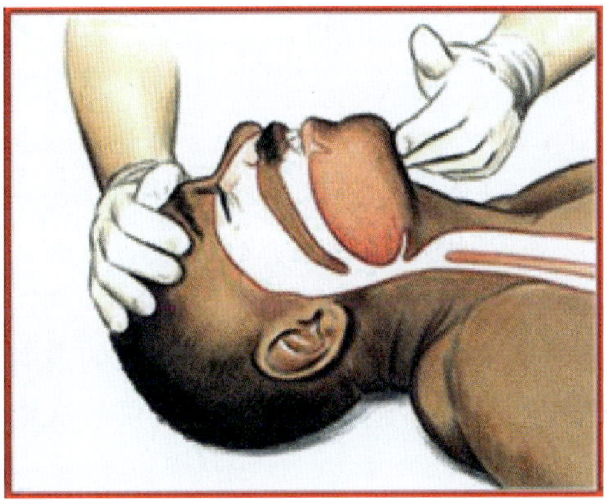

图 10－8 仰头举颏法

2. 托颌法（Chin Lift-Head Tilt）

如有颈部损伤时，不能使头部后仰，以免进一步加重颈椎损伤，在这种情况下，采用托颌法开放气道较安全。

病人平卧，救护者把手放于病人头部两侧，肘部支撑在病人躺卧的平面上，握紧下颌角，用力向上托下颌，即可打开气道。如病人紧闭双唇，可用拇指把口唇分开。此法适用于颈部有外伤者，以下颌上提为主，不能将病人头部后仰及左右转动。

注意：颈部有外伤者只能采用双手托颌法开放气道。不宜采用仰头举颏法，以避免进一步加剧脊髓损伤（见图 10－9）。

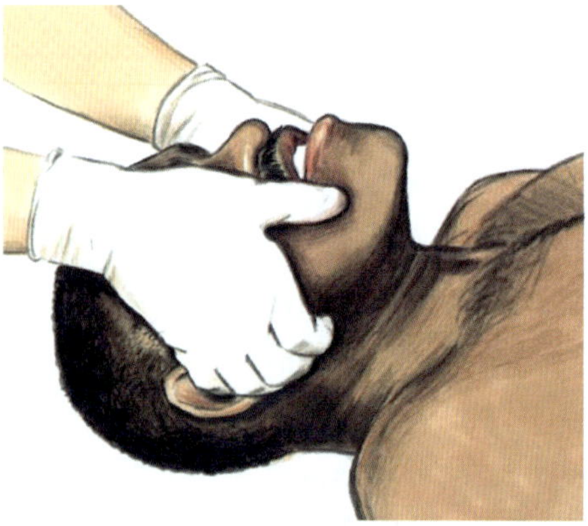

图 10－9　托颌法

（七）人工呼吸

1. 口对口进行人工呼吸

保持气道开放，救护者用放在病人前额那只手的食指捏紧病人的鼻翼，以防止气体从鼻孔流出。救护者吸一口气，用双唇包严病人口唇四周，再缓慢持续将气体吹入，吹气时间持续 1 秒钟，同时观察病人胸部起伏情况，连续吹气两次。

吹气完毕后，救护员松开捏鼻翼的手，抬头换气。每次吹气要保证有足够量的气体进入并使胸廓隆起。

2. 口对鼻人工呼吸

口对鼻人工呼吸适用于不能进行口对口呼吸的病人，如牙齿紧闭不能开口、口唇有创伤等。

3. 口对口鼻人工呼吸

婴儿可以使用口对口鼻人工呼吸法，保持气道开放，救护者双唇包严婴儿口鼻，均匀缓缓吹气入肺，观察胸部的起伏情况。

4. 人工呼吸注意事项

（1）人工呼吸一定要在气道开放时进行。

（2）向病人吹气不能太急太多，仅需胸廓略有隆起即可，吹气量不能过大，以免引起胃扩张。

（3）每 5 组心肺复苏后应检查有无脉搏、呼吸，时间不应超过 10 秒。

（3）如仍未恢复，继续心肺复苏，尽量减少心脏按压停顿时间。

（八）心脏除颤

心脏除颤时使用自动体外除颤仪 AED（Automated External Defibrillator）。AED 是一种普通人也可以掌握操作的“傻瓜式”医疗设备，能帮助心脏骤停、心室颤动的病人恢复心律。快速电除颤是决定病人生死最重要的因素，除颤是强大电流瞬间通过心脏，终止室颤，窦房结发出冲动，使心脏恢复跳动。这是迄今公认的解决心脏猝死的最有效的方法，在患者发生心脏骤停的 3 分钟内，迅速给患者实施电击除颤，仅仅一次电击除颤成功率就高达 94%。

当可以立即取得 AED 时，则应该立即中断前面步骤进行除颤。若不能立即取得

AED，应该在他人前往获取以及准备 AED 的时候开始心肺复苏。

AED 能够自动识别需要电击的异常心律并给予电击且有语音提示，根据语音提示就可以开始急救操作。机器会自行判断病人是否需要除颤，并有语音提醒步骤。

具体操作程序如下：

（1）打开 AED，接通电源（部分 AED 被打开时会自动接通电源）。

（2）贴电极片，按提示将电极线插入 AED 的相应插口处。若病人胸部有汗水或有大量毛发，应先擦拭干净汗水和剔除毛发后再贴电极片。将装置中的两张电极片分别贴在病人的左乳外侧和右锁骨下方（见图 10－10）。

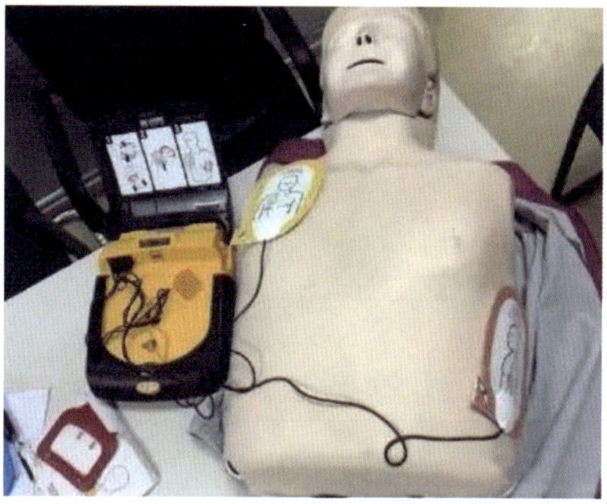

图 10－10 AED 贴电极片

（3）AED 会自动分析患者的心律，此时所有人都应该远离病人，不能接触病人身体。

（4）如 AED 需要除颤，会提示正在充电，充电完成，请大家离开。此时应控制周围环境，确保周围人都离开在没有接触病人身体的情况下按除颤按钮完成除颤。

案例分享：

案例一

在深圳宝安国际机场，一位 36 岁男性旅客意外心脏骤停晕倒，机场医务人员使用 AED 为其进行急救，恢复了旅客的自主心跳。

案例二

在浦东国际机场一批国际旅客到达安检通道，一位 60 岁的加拿大籍旅客突然倒地，面色、嘴唇发紫，然后心跳、呼吸停止，随行的外籍旅客立刻对他进行心肺复苏。机场工作人员迅速取出 AED 赶到病人身边，进行电除颤准备，然后在机场 120 医护人员的共同努力下，运用现场的 AED 进行心脏除颤，病人逐渐有了生命征兆，开始恢复了心跳、呼吸，脉搏也可触及。

四、心肺复苏的有效指征

（1）自主心跳恢复，可触及大动脉搏动。

（2）自主呼吸恢复。

（3）瞳孔由散大到缩小，并对光有反应。

（4）面色由紫色转为红润。

（5）神志逐渐恢复，可见眼球活动，手脚开始活动。

五、终止心肺复苏指标

（1）旅客有了生命体征。

（2）救护者精力耗尽不能进行心肺复苏。

（3）医护人员赶到现场接替救助。

（4）心肺复苏救助超过 30 分钟。

（5）有医生到场证实已死亡。

表 10－1 为成人、儿童、婴儿实施心肺复苏对比。

表 10－1　成人、儿童、婴儿实施心肺复苏对比表

分类		成人	儿童	婴儿
判断意识		轻拍肩，呼叫	轻拍肩，呼叫	拍击足底
检查脉搏		颈动脉		肱动脉
胸外按压	部位	胸部正中两乳头连线正中点（胸骨下 1/2）		胸部正中，乳头连线下方水平处
	方式	双手掌跟重叠	单手掌跟或双手掌跟	中指和无名指
	深度	5 厘米	4～5 厘米	4 厘米
	频率	至少为 100 次/分钟		
开放气道		头部后仰 90 度	头部后仰 60 度	头部后仰 30 度
人工呼吸		口对口		口对口鼻
按压与吹气比例		30∶2		

第四节 外伤救护

一、出血

根据出血的部位可以分为外出血和内出血。

(一) 外出血处理方法

(1) 直接压迫。用干净无菌的清洁布紧压住伤口，这是最直接、快速、有效的止血方法，可用于大部分外出血的止血。

(2) 加压包扎止血。如果继续流血，再用干净的清洁布继续叠加按压在原来的清洁布上。再用绷带或三角巾加压包扎，尽量将伤口抬高至高于心脏的位置（见图 10－11）。

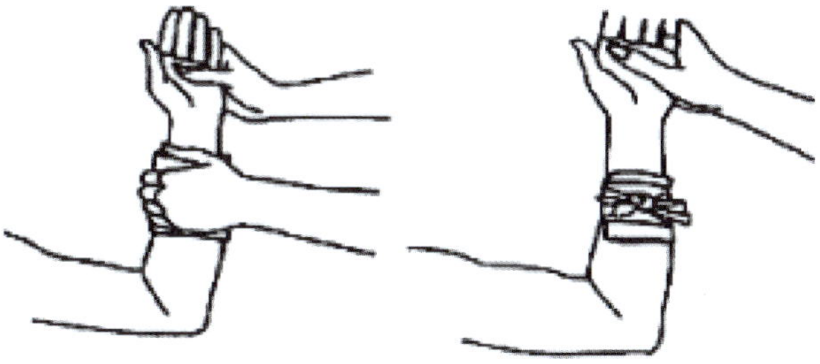

图 10－11 加压包扎止血

(3) 指压止血法。立即用手指压迫供应出血区域的动脉使其出血量减缓。

(4) 如果旅客出现休克的迹象和症状，按照休克的处理方法进行急救。

(二) 内出血

1. 可疑内出血的一般判断

(1) 伤者面色苍白。

(2) 口渴，手足湿冷，出冷汗。

(3) 脉搏快而弱，呼吸急促。

(4) 烦躁不安或表情淡漠，意识不清。

(5) 皮肤有撞击痕迹，局部有肿胀，但体表未见出血。

2. 处理方法

(1) 不要给旅客提供任何食物或水。

(2) 立刻广播找寻医生并告知机长。

(3) 让旅客安静休息、舒缓安慰旅客情绪并随时观察旅客生命体征。

（4）准备好氧气瓶，在必要时提供。

（4）给旅客盖上毛毯以保暖。

二、烫伤/烧伤

（1）迅速避开热源，立即用自来水持续冲洗降温直至疼痛缓解。

（2）将覆盖在伤处的衣裤剪开以避免使皮肤的烫伤加重。

（3）如果皮肤表面有水泡形成，不要刺破水泡，以免感染。

（4）如水泡已破，且局部被脏物污染，应用生理盐水冲洗，创面周围也应清洁消毒，然后用无菌纱布包扎创面。

（5）创面不要用有色的药液，以免影响医生对伤情深度的诊断。

知识拓展：

烫伤程度的等级划分

一度伤：烫伤只损伤皮肤表层，局部轻度红肿、无水泡、疼痛明显，应立即脱去衣袜，将创面放入冷水中浸洗半小时，再用麻油、菜油涂擦创面。

二度伤：烫伤是真皮损伤，局部红肿疼痛，有大小不等的水泡，大水泡可用消毒针刺破水泡边缘放水，涂上烫伤膏后包扎，松紧要适度。

三度伤：烫伤是皮下，脂肪、肌肉、骨骼都有损伤，并呈灰或红褐色，此时应用干净布包住创面及时送往医院。切不可在创面上涂紫药水或膏类药物，影响病情观察与处理。

第五节　骨折与固定

一、骨折（Fractures）

骨折可以分为闭合性骨折和开放性骨折。如骨折部位无法正常活动，疼痛会随活动或触动而增加，伤处肿起，随后出现瘀血，为闭合性骨折。如果骨折部位无法活动，并可见断骨端，为开放性骨折。

（一）主要症状

（1）出现疼痛和压痛。

（2）有肿胀和皮下瘀血。

（3）出现肢体的畸形。

（4）骨折部位活动受限或丧失活动功能。

（5）有可能出现休克。

（二）处理方法

（1）检查意识、呼吸、脉搏以及处理严重的出血。

（2）若有休克症状和迹象，按照休克的急救措施来处理。

（3）不要随便移动伤者。

（4）用绷带、三角巾、夹板固定受伤部位。

（5）夹板的长度应能将骨折处的上下关节一同加以固定。

（6）固定伤肢后，如有可能应将伤肢抬高。

（7）骨折端暴露不要去拉动，也不要送回伤口内。

（8）如是开放性骨折，有伤口，现场不要冲洗，不要涂药。可用清洁纱布或消毒敷料覆盖住伤口。

（9）广播找寻医务人员并通知机长。

（三）六种骨折固定的方法

1. 前臂骨折固定法

两块夹板放置在骨折前臂外侧、内侧，骨折突出部分要加垫，然后用三角巾或绷带捆绑固定，将前臂屈曲悬胸前，再用三角巾将上肢固定于胸前（见图 10－12）。

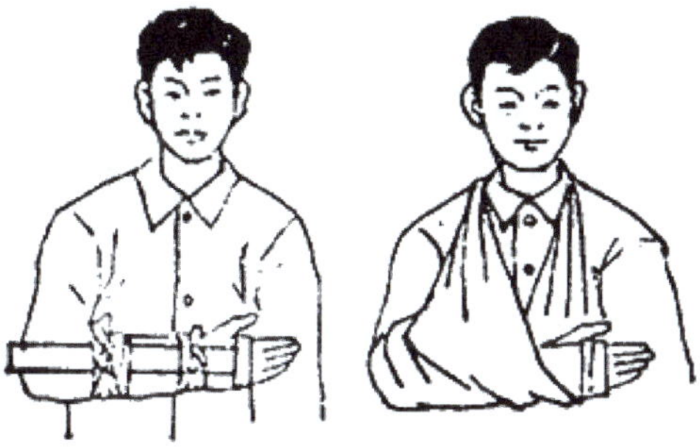

图 10－12　前臂骨折固定法

2. 上臂骨折固定法

夹板放置骨折上臂外侧，骨折突出部分加垫，然后固定肘肩两关节，用三角巾将上臂屈曲悬胸前，再用三角巾将伤肢固定于受伤者的胸前（见图 10－13）。

图 10－13　上臂骨折固定法

3. 小腿骨折固定法

将夹板放置于骨折大腿外侧，骨折突出部分要加垫，然后固定伤口上下两端，固定膝、踝两关节，夹板顶端再固定（见图 10－14）。

图 10－14　小腿骨折固定法

4. 大腿骨折固定法

将夹板放置于骨折大腿外侧，骨折突出部分要加垫，然后固定伤口上下两端，固定踝、膝关节，最后固定腰、髂、腋部（见图 10－15）。

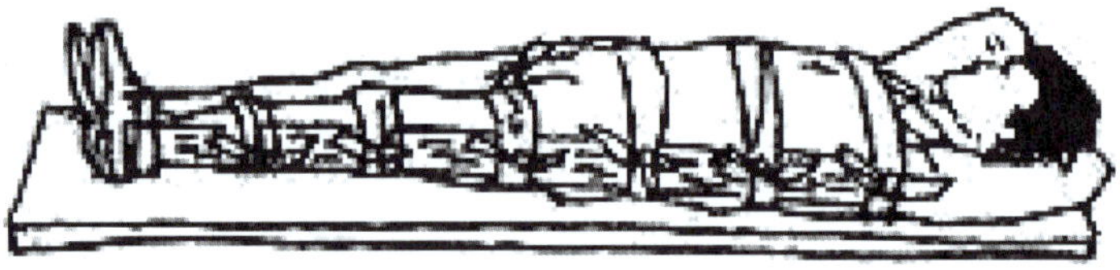

图 10－15　大腿骨折固定法

5. 脊椎骨折固定法

仰卧木板上，用绷带将伤员胸、腹、髂、膝、踝部固定于木板上（见图 10－16）。

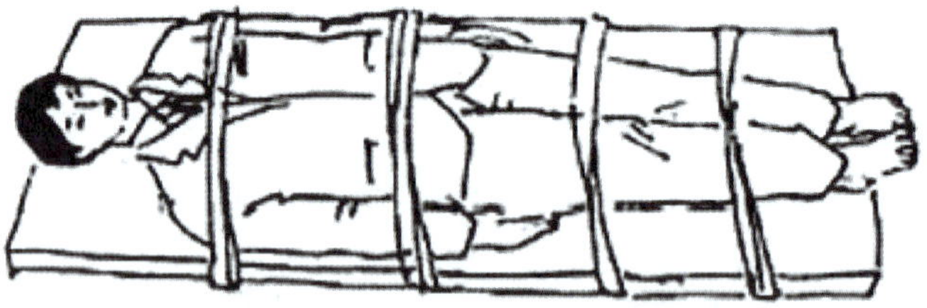

图 10－16　脊椎骨折固定法

6. 颈椎骨折固定法

仰卧木板上，颈下、肩部两侧加垫，颈部两侧用棉垫或者毛巾折成 10 厘米宽，沿着伤者的颈部包起来绑好，防止左右摇晃，然后用绷带将额、颏、胸固定于木板上（见面 10－17）。

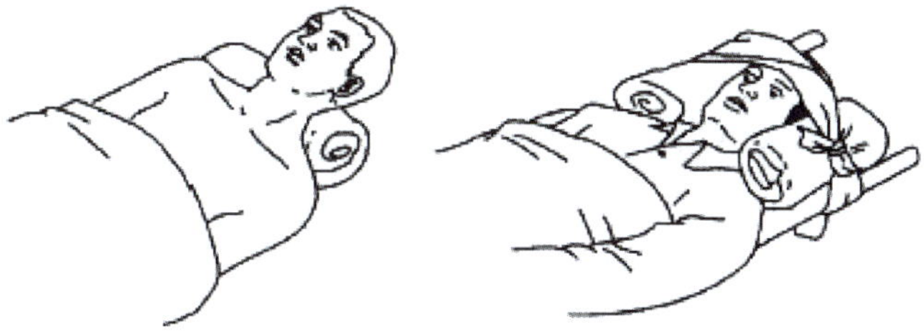

图 10－17 颈椎骨折固定法

二、拉伤和扭伤（Strains & Sprains）

人的韧带很坚韧，像绷带似的连着骨头并且使你的关节保持固定的位置。拉伤和扭伤，是韧带过度拉长带来的损伤。韧带可能出现裂口，甚至可以完全撕裂。拉伤、扭伤的韧带会迅速地肿胀而且十分疼痛。一般而言，疼痛越大损伤越严重。

处理方法："RICE" 法则。

（1）R—Rest：让受伤的肢体休息。让伤者不要随意走动，也不要对扭伤部位进行按摩，以免加重损伤。

（2）I—Ice：冷敷。受伤后用冰块或冷毛巾对扭伤关节进行冷敷。这样有利于消除患处的疼痛、肿胀和肌肉痉挛。

（3）C—Compress：压迫。用绷带卷或者绷带条压住受伤区域，这样可以避免受伤部位内出血，但也不要包扎太紧，以免影响肢体的血液循环。

（4）E—Elevate：抬高。抬起受伤的肢体，或在患肢下垫上枕头，可以减少患肢的血流量，控制内出血。

第六节 搬运

一、搬运技巧要求

搬运伤病者，与搬运物体不一样，需要结合伤病者情况，否则伤会引起伤员不适甚至危害。搬运时要能随时观察伤病等情况，一旦伤病情变化可立即抢救。

二、搬运的一般原则

（1）运送伤病者时应考虑现场环境的安全稳定性以及伤病者的伤势病情。

（2）搬运伤病者时应根据具体情况，选择合适伤病者的搬运方法和搬运工作。在搬运过程中，动作要轻，尽量减少不必要的震动以免增加伤势病情。

（3）搬运过程中要观察伤病者生命体征的变化。

（4）骨折病人，尤其是颈、胸、腰部和脊椎骨折，可以用毛巾或布条简易固定，移动时要保持平稳。

（5）对脑中风者，绝对不能移动，让病人保持昏睡体位，注意保暖，等候专业救护。

三、搬运的方法

（一）徒手搬运

徒手搬运是用于紧急抢救或运送短程的伤病者时，不需要任何器材，在狭小地方往往只能用此方法。但如果有脊椎受伤或肢体骨折的伤病者不要用此方法。

1. 扶行法

伤者意识清醒，单侧下肢受伤，伤势不重，上肢未受伤，在别人帮助下能自己行走（见图 10－18）。

图 10－18　扶行法

2. 单人背法

救护者背向伤者蹲下，让伤者双上肢抱住自己的颈部，前胸紧贴自己的后背，用双手托住伤者大腿中部，慢慢站起身，然后前行。适用于老弱或年幼，体重较轻及神志清楚的病人的搬运（见图 10－19）。

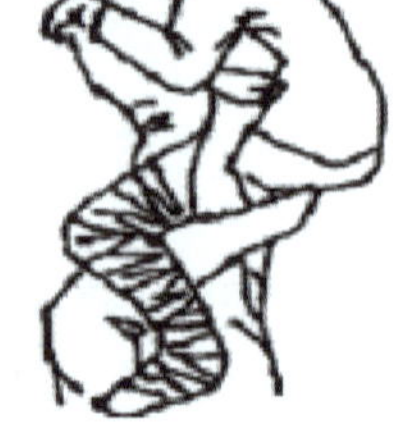

图 10－19　单人背法

3. 单人抱法

将伤者一只上肢搭在自己肩上，然后一手抱住伤者的腰，另一手肘部托起大腿，手掌部托其臀部。适用于体重较轻，无骨折，短距离的搬运（见图 10－20）。

图 10－20　单人抱法

4. 前后扶持法

一人从后面双托住伤者的腋下，另一人在前面托住伤者的双下肢。适用于在狭窄的地方搬运病人（见图 10－21）。

图 10－21　前后扶持法

5. 多人平托法

几个人单膝跪在伤者一侧，分别托住伤者的颈、胸腰、臀和腿，一起抬起，一起放下。适用于脊柱伤伤员（见图 10－22）。

（二）器材搬运

在一般情况下，对怀疑脊椎受伤或肢体骨折的伤病者应该选用器材搬运。在没有

图 10－22　多人平托法

危险的情况下，等待专业救援及器材抵达时，应替伤者盖上毛毯，为其保暖。

常用的专业搬运器材为担架，如果没有担架，可用椅子、毯子、木板等进行，要注意看护伤员或扎好安全带，防止伤员翻落，上下楼梯时尽可能使伤员体位接近水平，并使伤员的头部略处于高位。

四、搬运体位

（1）颅脑受伤：使伤者取侧卧位，若只能取平卧位时，头要偏向一侧，以防止呕吐物或舌根下坠阻塞气道。

（2）胸部受伤：使伤者取坐位，有利于伤员呼吸。

（3）腹部受伤：使伤者取半卧位，双下肢屈曲，有利于放松腹部肌肉，减轻疼痛和防止腹部内脏脱出。

（4）脊柱受伤：使伤者一定要保持平卧位，应该用多人平托法搬运，同时抬起，同时放下。千万不能用双人拉车式或单人背抱搬运，否则会引起伤员脊髓损伤以至造成肢体瘫痪。

五、搬运注意事项

（一）保护伤病员

（1）搬运前，要对伤者做全面检查，做好急救处理。

（2）搬运时，要轻、快、稳，避免伤者颠簸震动和摔下。

（2）预防伤病员在搬运中继发损伤。

（3）防止因搬运加重伤者病情。

（二）保护自身

（1）保护自身腰部。

（2）避免自身摔倒。

第七节 机上常见病

一、晕机（Airsickness）

飞机的气流颠簸和密闭的空间，有可能会造成一部分旅客晕机。

1. 等机的主要症状

眩晕恶心、胸闷心慌、呕吐等症状。

2. 常用处理方法

（1）帮助旅客调低座椅靠背，让旅客躺下。

（2）指导旅客松开衣领、领带、围巾等颈部的束缚物。

（3）为旅客打开头顶上方的通风器。

（4）提供温水给旅客。

（5）为旅客准备干净的清洁袋备用。

（6）在征求旅客同意并判断旅客在适合用药的条件下，提供晕机药品。

二、流鼻血（Nose Bleeding）

由于飞机客船加压，空气干燥，容易引发流鼻血，常见处理方法如下：

（1）旅客直立坐在座位上，头轻轻朝前，切勿躺下。

（2）用手稍微用力捏住鼻部的软骨处约 10 分钟，指导旅客用嘴巴呼吸，不要用鼻子呼气。

（3）如果持续小量流血，10 分钟后放松压力，可放一块冰袋在鼻梁上。

（4）如流血一直不止，应立刻告知机长。

三、耳压（Ear Pressing）

在乘坐飞机时，尤其是飞机上升和下降过程中，由于气压的不断变化，会使一部分旅客产生耳压的情况，轻则略有不适，重则耳膜疼痛，耳鸣眩晕，听力下降，甚至短暂的失聪。尤其是婴幼儿，由于听力系统尚处于发育阶段，所以会比成年人更加敏感。其实不但是乘坐飞机，就连乘坐高速电梯或者潜水都有可能带来耳压的感受，这是由于外部气压的急剧改变而导致的。

常用处理方法如下：

（1）鼓励旅客做打哈欠，咀嚼、吞咽的动作。

（2）在下降过程中，如果上诉方法没有改善，可深呼吸，捏住鼻子软骨处，用力鼓气再做吞咽动作。这个方法可以帮助咽鼓管打开，以平衡气压，缓解症状。

（3）如果是儿童和婴儿，可以让妈妈用奶瓶喂水或者喂奶以此缓解。

四、一般的食物中毒（Food Poisoning）

食物中毒是指食入被细菌及其毒素污染或含有毒性化学物质的食物，或由食物本身的毒素所引起的急性中毒性疾病。主要症状有呕吐、腹部绞痛、腹泻、头疼、发烧、身体软塌，严重者甚至出现昏迷。

常用处理方法如下：

（1）立刻让旅客服用大量饮用温开水并反复自行催吐，以减少毒素的吸收。

（2）为旅客准备干净的清洁袋。

（3）为防止呕吐物堵塞气道而引起窒息，应让病人侧卧，便于吐出。

（4）在呕吐中，不要让病人喝水或吃食物，但在呕吐停止后马上给补充水分。

（5）留取呕吐物和大便样本，给医生检查。

（6）寻找合适的药物。

五、化学试剂中毒（Chemical Poisoning）

化学试剂中毒的常用处理方法如下：

（1）立刻询问旅客发生了什么，因为他可能会很快失去意识。

（2）若旅客清醒，确定误服物为腐蚀性物品，禁止洗胃，马上给他喝鲜牛奶，防止毒物被吸收的程度。

（3）切勿给他任何食物或饮品，以免食物或液体流入呼吸道。

（4）立刻机上广播寻找医务人员，告知机长。

（5）如果旅客失去知觉，没有生命征兆，立刻进行 CPR。

六、哮喘（Asthma）

哮喘是一种慢性气道炎症，此种炎症常伴随引起气道反应性增高，导致反复发作的喘息、气促、胸闷和咳嗽等症状，多在夜间和凌晨发生。过敏原是哮喘最重要的激发因素，如粉尘、尘螨、药物，甚至大气污染和吸烟等。

1. 哮喘的主要症状

（1）呼吸困难，憋气，甚至呼吸加快。

（2）伴随着嘴唇和面色发紫。

（3）情绪烦躁、焦急。

2. 常用处理方法

（1）让旅客坐下，使头和身体向前靠在小桌板上来帮助呼吸，同时可以放一个枕头垫在小桌板上。

（2）解开旅客领口、皮带等束缚物品。

（3）如果旅客带有药物，应立即给他使用。

（4）如果旅客没有药物，立刻提供机上氧气给旅客。

（5）立刻广播，机上寻找医务人员并报告机长。

七、过度换气（Hyperventilation）

紧张、焦虑或晕机常会使人不由自主地加深加快呼吸，深和快的呼吸使得体内呼出过多的二氧化碳，可引起呼吸性碱中毒。

1. 过度换气的主要症状

（1）换气过度，明显的呼吸频率过快和过深。

（2）手脚发麻，手脚开始抽搐。

（3）头晕眼花，面部涨红。

2. 常用处理方法

（1）指导旅客憋气 30 秒钟。

（2）如果没有得到缓解，让旅客向清洁袋里呼气，再重新呼吸自己的空气以替换缺少的二氧化物。

八、缺氧（Hypoxia）

缺氧由于氧气供应不足或用氧障碍而引起。

1. 缺氧的主要症状

（1）呼吸的频率增加。

（2）感觉头晕。

（3）四肢协调性变差，判断力降低。

（4）视力减弱、眼花并伴随睡意。

（5）嘴唇、手指等处发紫。

（6）出现自我感觉良好的症状。

（7）有可能失去知觉。

2. 常用处理方法

（1）立即给予氧气瓶吸氧。

（2）安慰病人，安抚情绪。

（3）随时密切观察生命体征。

九、窒息（Choking）

1. 窒息的主要症状

（1）意识清醒的人在进食时突然强力咳嗽、呼吸困难、无法说话和咳嗽、并伴有痛苦的表情和用手掐住自己的颈部，以示痛苦和求救。

（2）亲眼目睹吸入异物者。

（3）昏迷者在呼吸道被打开后人工呼吸，口对口吹气仍然无法将空气吹入肺内。

2. 常用处理方法

海姆立克（Heimlich）急救法。

海姆立克急救法原理是，患者肺内仍有残留气体时，给膈肌以下软组织以突然向上的压力，使胸腔压力骤然升高，从而压迫双肺，驱使肺内残存的气流进入气管，便可以排出卡在气管口的食物或其他异物。

针对不同的人群，海姆立克急救法有着不同的操作方法。

（1）当患者是成人时。救护者站在受害者身后，从背后抱住其腹部，一手握拳，拳心向内按压于受害人的肚脐和肋骨之间的部位；另一手成掌捂按在拳头之上，双手急速用力向里向上挤压，反复实施，直至阻塞物吐出为止（见图 10－23）。

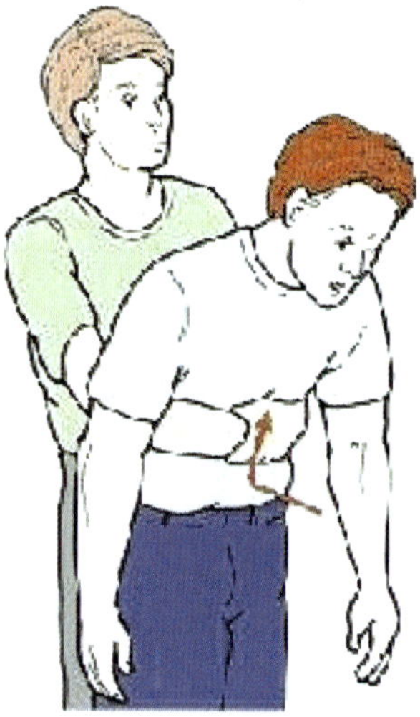

图 10－23　成人海姆立克急救法

（2）当患者是三岁以下的儿童时。应该马上把孩子抱起来，一只手捏住孩子颧骨两侧，手臂贴着孩子的前胸，另一只手托住孩子后颈部，让其脸朝下，趴在救护人膝盖上。在孩子背上拍 5 次，并观察孩子是否将异物吐出（见图 10－24）。

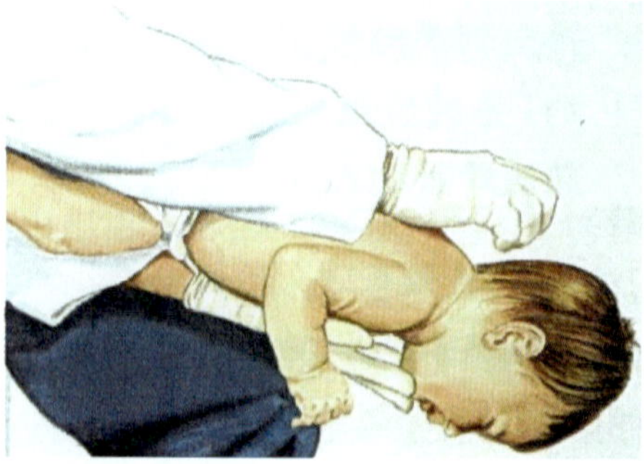

图 10－24　三岁以下儿童海姆立克急救法

(3) 当患者是婴儿时。将患者的身体扶于救护员的前臂上，头部朝下，救护员用手支撑婴儿头部及颈部；用另一手掌的掌根在婴儿背部两肩胛骨之间拍击5次（见图10-25）。

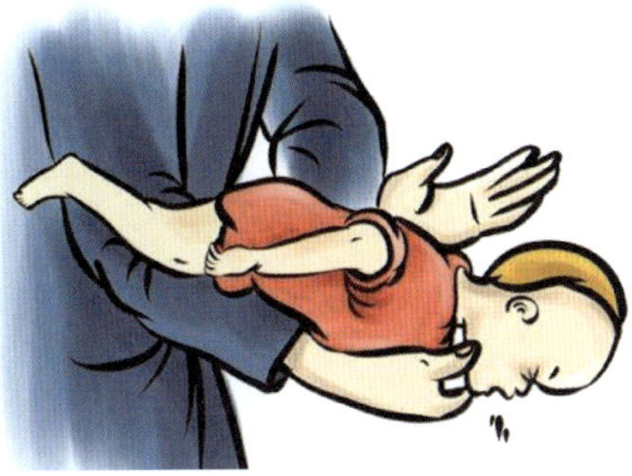

图10-25 婴儿海姆立克急救法

如果堵塞物仍未排除，实施5次压胸法。立即将婴儿仰卧于大腿上或坚固的表面上，面向上或者让婴儿坐在大腿上，面朝救护者。救护者以两手的中指或食指，放在患儿胸廓下和脐上的腹部，快速轻柔地向里向上挤压，重复这个动作，直至异物排出（见图10-26）。

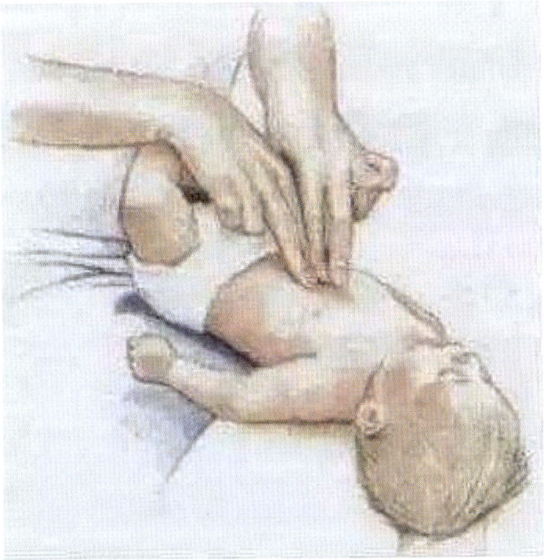

图10-26 婴儿5次压胸法

知识拓展：

海姆立克教授，是美国一位从业多年的外科医生。在临床实践中，他被大量的食物、异物窒息造成呼吸道梗阻致死的病例震惊了。在急救急诊中，医生常常采用拍打病人背部，或将手指伸进口腔咽喉去取的办法排除异物，其结果不仅无效反而使异物更深入呼吸道。他经过反复研究和多次的动物实验，终于发明了利用肺部残留气体，形成气流冲出异物的急救方法。1974 年，他作了关于腹部冲击法解除气管异物的首次报告。

十、晕厥（Fainting）

晕厥是大脑一时性缺血、缺氧引起的短暂的意识丧失，并多在数秒至数分钟内自行清醒。如果病人不能被叫醒，或在短时间内不能清醒则为昏迷。

1. 晕厥的主要症状

（1）头晕、眼前发黑

（2）心慌、胸闷、恶心、出冷汗。

（3）面色苍白、全身无力。

（4）突然意识丧失、跌倒在地。

2. 常见的处理方法

（1）如果旅客是坐着的，就让他头朝下低于心脏的位置。

（2）如果旅客是躺着的，就把他双脚稍抬高。

（3）立即确定气道是否通畅，并检查呼吸和脉搏等。

（4）解开较紧的衣物、皮带等。

（5）吸氧。

（6）观察生命体征。

十一、休克（Shock）

休克是因外伤、出血、骨折等伤害或情绪过度刺激及恐惧而引起的一种血液循环量不足的情况。若没有即时处理理，会意识丧失、体温下降，并且可能死亡。

1. 休克的主要症状

（1）皮肤苍白、身体发冷、出汗，头痛眩晕。

（2）脉搏快而弱，呼吸浅而快。

（3）血压降低。

2. 常用的处理方法

（1）尽量少搬动，少打扰病人，让患者在舒适的位置。

（2）如为出血性休克，有出血，应立即采取有效的止血措施。

（3）对于无脊椎损伤证据的休克者，让其平卧，可将双腿提抬高，增加心脏和脑部的血液供应。

（4）如果旅客没有意识，把他放在复苏姿势。

（5）保持呼吸道的通畅。

（6）如有需要，要立即拿氧气瓶给予吸氧。

（7）注意给体温过低的病人保暖，盖上毯子。

（8）立刻广播找寻医生并报告机长。

十二、心脏病（Heart Attack）

1. 心脏病的主要症状

（1）胸口疼痛，并蔓延到肩膀、手臂、肘部、背部、颈部、下巴等。

（2）脸色灰白，脉搏快而弱，呼吸快而浅。

（3）有可能会出现昏迷。

（4）感觉烦躁不安。

2. 常用的处理方法

（1）让病人立刻安静卧位休息，安慰病人。

（2）松开领口，保持空气流通。

（3）立刻拿氧气瓶给予吸氧。

（4）病人如有自备药，需立即服下。可舌下含服硝酸甘油一片。

（5）广播找寻医生并立刻告知机长。

（6）如果出现心跳呼吸停止，立刻进行心肺复苏。

十三、中风（Stroke）

中风主要是脑内出血或者是由脑血管被阻塞，使一部分大脑缺血。

1. 中风的主要症状

（1）头痛头晕。

（2）肢体麻木，手脚不听使唤。

（3）面部松弛，口舌歪斜。

（4）说话困难。

2. 常用的处理方法

（1）尽量不移动，使他保持安静。

（2）如果病人意识清醒，可以让他直立坐着，用枕头支撑住他。

（3）如果病人意识不清，把他放在侧卧位的复苏姿势。

（4）如有必要，提供氧气。

（5）时刻观察病人的情况，不可以喝水、吃东西。

（6）立刻广播寻找医务人员并报告机长。

十四、癫痫（Epilepsy）

1. 癫痫发作四个阶段

（1）先兆期，开始觉得头疼，眩晕，视线开始模糊。

（2）突然意识丧失、开始大哭和吼叫，肢体僵硬强直，面色变青紫、瞳孔散大。

（3）身体开始剧烈震动，全身肌肉开始抽动，口吐白沫，常咬破舌头或伤害到自己身体。

（4）可能会进入睡眠状态，醒来后不记得发生的事。

2. 常用的处理方法

（1）如果旅客是坐在座位上的，松开他的安全带。

（2）用枕头、毛毯等柔软的物品保护他头部，以免发作时受伤。

（3）对于牙关紧闭、抽搐的患者，不应强行撬开，更不可强行按压肢体，以免造成外伤。

（4）当旅客停止哭闹和抽动进入睡眠状态时，把他放置复苏姿势，并清理他口腔异物，解开衣领、领带等物品，确保气道的打开。

（5）不要干扰病人，使他尽量休息入睡。

（6）广播寻找医务人员的帮助，立刻告知机长。

（7）记录旅客昏睡的时间，如果一直处于昏迷状态，则要及时抢救。

十五、糖尿病（Diabetes）引发的昏迷

糖尿病患者出现昏迷时，一般有两种情况：低血糖性昏迷和高血糖昏迷。

（一）低血糖昏迷（Hypoglycaemia）

由于治疗糖尿病过程中使用降糖药过量，如使用胰岛素过量而出现的昏迷。

1. 低血糖昏迷的主要症状

（1）心慌头晕、皮肤开始冒冷汗。

（2）身体软弱无力，四肢发冷。

（3）面色苍白。

（4）烦躁、视力模糊，出现异常的行为。

（5）呼吸无特殊气味。

2. 处理方法

立即进食甜食，给病人含有糖的水或者果汁等，几分钟后即可恢复。

（二）高血糖昏迷（Hyperglycaemia）

由于治疗用药不够，或病人还患有其他疾病，使血糖急剧增高而引起的昏迷。

1. 高血糖昏迷的主要症状

（1）呼吸深而快。

（2）口渴、皮肤及口唇干燥。

（3）呼出气体有类似“苹果”的甜味。

2. 常用的处理方法

（1）如果肯定是高血糖昏迷，不能给予任何甜食，可以给予白水。

（2）立刻广播寻找医生并报告机长。

（3）随时观察生命体征。

十六、脱水（Dehydration）

脱水是人体由于病变，消耗大量水分，而不能即时补充，造成新陈代谢障碍的一种症状，常因为严重的呕吐、腹泻或严重出血等情况下发生。严重时会造成虚脱，甚至有生命危险。

脱水的处理方法如下：

（1）让旅客大量的喝水或者蔬菜汁。

（2）不要给旅客喝茶、咖啡和碳酸饮料。

新闻链接：

南航从悉尼—广州航班上，一名儿童因服用自己携带的坚果后出现哮喘加过敏反应，突然呼吸困难。主任乘务长立即启动机上应急救护程序，第一时间通过广播寻找医生，这时两位医生旅客迅速联系乘务员赶到孩子身边。

经过医生对孩子父母的询问和认真的诊断，医生觉得孩子是哮喘症加上坚果过敏反应引起全身过敏及呼吸道过敏。医生要求寻找飞机上有无抑制过敏的药物和肾上腺素。乘务组马上进行分工，寻找药物，拿出应急医疗箱，向机长汇报情况，安抚周边旅客。

同时机长也向总部汇报情况并等待地面给出备降机场数据以做好备降的准备。乘务组拿来应急医疗箱取出肾上腺素并做好所有记录和填写所有所需的单据。医生马上给孩子注射肾上腺素，然后用冰块外敷孩子颈部，并让孩子不停地含服敲碎的冰块，防止孩子颈部咽喉继续肿胀恶化。同时，机上一名旅客正好带着治疗哮喘与坚果并发症的药物，并提供给医生，医生看后让孩子马上服用半片。二十分钟后，两位医生再次检查，孩子病情大有好转，后续全程航班，乘务组也轮流密切观察孩子的状况。

（资料来源：微眼南航）

第八节　常见传染病的预防

传染病是由各种病原体引起的能在人与人、动物与动物或人与动物之间相互传播的一类疾病。每一种传染病都由一定的病原体、细菌、原虫或螺旋体等通过不同途径侵入人体后而发病。

一、传染病的种类

（一）空气传染

有些病原体在空气中可以自由散布，直径通常为 5 微米，能够长时间浮游于空气中，做长距离的移动，主要通过呼吸系统感染，有时亦与飞沫传染混称。

（二）飞沫传染

飞沫传染是许多感染原的主要传播途径，借由患者咳嗽、打喷嚏、说话，喷出温暖而潮湿之液滴，病原附着其上，随空气扰动飘散短时间、短距离地在风中漂浮，由下一位宿主因呼吸、张口或偶然碰触到眼睛表面时黏附，造成新的宿主受到感染。例如：细菌性脑膜炎、水痘、普通感冒、流行性感冒、腮腺炎、结核、麻疹、德国麻疹、百日咳，等等。由于飞沫质、量均小，难以承载较重之病原，因此寄生虫感染几乎不由此途径传染其他个体。

（三）粪口传染

常见于发展中国家卫生系统尚未健全、教育倡导不周的情况下，未处理之废水或受病原沾染物，直接排放于环境中，可能污损饮水、食物或碰触口、鼻黏膜之器具，以及如厕后清洁不完全，通过饮食过程可导致食入者感染，主要病原可为病毒、细菌、寄生虫，如霍乱、A 型肝炎、小儿麻痹、轮状病毒。有时，某些生物因体表组织构造不足以保护个体，可能因接触患者之排泄物而受到感染，正常情况下在人类族群中不会发生这种特例。

（四）接触传染

经由直接碰触而传染的方式称为接触传染，这类疾病除了直接触摸、亲吻患者，也可以透过共享牙刷、毛巾、刮胡刀、餐具、衣物等贴身器具，或是因患者接触后，在环境留下病原引发传染。因此此类传染病较常发生在学校、军队等物品可能不慎共享的场所。例如：真菌感染的脚病、细菌感染的脓包症、病毒在表皮引起增生的疣，而梅毒的情况特殊，通常是健康个体接触感染者的硬性下疳所致。

（五）垂直传染

垂直传染专指胎儿由母体得到的疾病，是在子宫的一种传染形式，通常透过此种传染方式感染胎儿之疾病病原体，多以病毒和活动力高的小型寄生虫为主，可以经由血液输送，或是具备穿过组织或细胞的能力，因此可以透过胎盘在母子体内传染。细菌、真菌等微生物虽较罕见于垂直感染，但是梅毒螺旋体可在分娩过程，由于胎儿的黏膜部位或眼睛接触到母体阴道受感染之黏膜组织而染病；且有少数情况则是在哺乳时透过乳汁分泌感染新生儿。后两种路径也都属于垂直感染的范畴。

（六）血液传染

主要透过血液、伤口的感染方式，将疾病传递至另一个个体身上的过程即血液传染。常见于医疗使用注射器材、输血技术之疏失，因此许多医疗院所要求相关医疗程序之施行，必须经过多重、多人的确认以免伤害患者，于捐血、输血时，也针对捐赠者和接受者进一步检验相关生理状况，减低此类感染的风险，但由于毒品的使用，共享针头的情况可造成难以预防的感染，尤其对于艾滋病的防范更加困难。

二、常见的传染病

（一）疟疾（Malaria）

疟疾是经按蚊叮咬或输入带疟原虫者的血液而感染疟原虫所引起的虫媒传染病，是一种全球性急性寄生虫传染病。

主要症状：全身发冷伴随着高烧发热、多汗。

（二）霍乱（Choera）

霍乱是因摄入的食物或水受到霍乱弧菌污染而引起的一种急性腹泻性传染病。每年，估计有 300 万～500 万霍乱病例，另有 10 万～12 万人死亡。病发高峰期在夏季，能在数小时内造成腹泻脱水甚至死亡。

主要症状：严重腹泻和呕吐、脱水虚脱、四肢冰冷、肌肉痉挛或抽搐。

（三）阿米巴病（Amoebiasis）

阿米巴病由溶组织内阿米巴原虫感染所引起，阿米巴病遍及世界各地，但以热带及亚热带地区为多见。

主要症状：发热、腹泻、腹部疼痛、粪便带血和黏液、身体虚弱。

（四）埃博拉（Ebola）

埃博拉是一种十分罕见的病毒，是一种能引起人类和灵长类动物产生埃博拉出血热的烈性传染病病毒，有很高的死亡率。最近一次埃博拉病毒疫情是 2014 年开始爆发于西非的大规模病毒疫情。

主要症状：发热、严重的头痛、全身性疼痛、呕吐和腹泻、皮疹、某些情况下会有内出血和外出血。

三、机上预防措施

在航班飞行途中，如没有正式的医务人员在场，航班上有旅客出现以下症状，可怀疑为传染病：持续性的发热并伴有衰竭；严重的腹泻并伴有其他症状或虚脱；出现了急性的皮疹或发痒，伴有或不伴有发烧；伴有高热的黄疸。

处理方法：

（1）适当的隔离。

（2）立刻报告机长并通知到达站的相关部门。

（3）单独收集该病人接触过的物品并交地面卫生防疫部门处理。

（4）舒缓旅客情绪，避免造成机上其他旅客的恐慌和不。

（5）对客舱进行适当的消毒处理。

第九节　机上分娩

各个航空公司对孕妇搭乘飞机制订了相应的运输规定，孕妇乘机必须经过航空公司同意，并事先做出安排。只有符合运输规定的孕妇，航空公司才可以接受其乘机的要求。一般来说，怀孕超过36周（含36周）的孕妇，航空公司不予承运。但是还是会有很多时候，由于飞机在空中遇到气流的变化而产生颠簸，或者由于客舱密封的空间，使一些健康状况不稳定的孕妇出现早产的情况。

一、产妇分娩步骤

（1）产前：胎儿进入产道前宫缩的发生。

（2）临产：产道完全打开，婴儿出来。

（3）产后：胎盘娩出。

二、分娩前急救准备

飞机上如果孕妇出现频繁而有规律的腹痛、出血或者破水，就是临产前的征兆，乘务员应该立刻积极地做分娩前的准备。

（1）广播找医生，尽量寻求专业人员的帮助。

（2）立刻报告机长，做好备降准备。

（3）乘务人员保持冷静，准备好毛毯、枕头、毛巾、纸巾、手套等备用品。

（4）在机上选择适当的位置，并将其隔离开，尽快让孕产妇平卧下来，双腿屈膝分开，用枕头或毛毯垫高孕妇的头、肩和臀部以使分娩更容易。

（5）准备好氧气瓶以防孕妇在分娩中缺氧昏迷。

（6）尽量舒缓孕妇的情绪。

三、临产

（1）当胎儿的头部以及肩部不断露出的时候，要用双手轻轻托住，帮助其慢慢地娩出。

（2）当胎儿完全娩出的时候，及时吸出新生儿嘴里的羊水，促进其呼吸顺畅。

（3）当胎儿脐带绕颈时，轻柔地把脐带移除婴儿的头部。

（4）当胎儿脐带不再搏动时，在距胎儿腹部10厘米处用脐带夹夹住脐带，不要切断脐带。

（5）促使胎儿呼吸，轻柔有力地擦胎儿背部，用食指按其脚底。

(6) 如果胎儿不哭也不呼吸，要立刻进行 CPR。

(7) 记录胎儿的出生时间。

四、产后

(1) 用干净的毛毯包裹上婴儿。

(2) 帮助产妇娩出胎盘。大多数情况下，婴儿出生之后几分钟之内母体会排出胎盘，把排出的胎盘放在塑料袋内。

(3) 控制产妇流血。轻柔按摩产妇的子宫，帮助子宫收缩减少流血。

(4) 陪伴产妇，缓解情绪

案例分享：

某次航班上，飞机正在正常飞行，一位年轻的孕妇突然胸口闷、肚子疼，乘务员立刻将孕妇调到商务舱，同时报告机长，并通过机上广播寻找医生。不巧的是，该航班上一位医生和护士都没有。

乘务员一边安抚孕妇的情绪，一边记录疼痛的情况，并再次报告机长。此时距离目的地还有一个半小时的航程，机长评估了备降机场的距离和医疗水平之后，决定继续飞往目的地。

孕妇开始持续出现疼痛，乘务员拉好隔帘，在乘务长的指挥下立刻分工准备产妇需要的物品和可用的机上应急医疗设备，包括垫纸、毛毯、急救箱、应急医疗箱。另一方面，机长通知地面员工协调机场安排最近机位，联系医生做好准备。乘务组把商务舱毛毯全部拿出来铺在地上，让这位孕妇躺在上面，按照平时培训所学的内容，找出乘务手册，一步一步记录、处置。半小时后孕妇破水，婴儿的头已经可见；15 分钟后，婴儿平安出生。拍背、吐水，婴儿有了响亮地啼哭声，乘务给婴儿包裹上外套和毛毯，并守着产妇，随时询问产妇的情况，直到航班落地。

问起为产妇接生的乘务员当时怕不怕，她们说那时真的顾不上害怕，平时有专门培训医疗急救、分娩的内容，还看过分娩的录像，这次派上了用场。正是平时扎实的训练和手册的指导，关键时刻才能使这位孕妇母女平安。

练习题

1. 你正在客舱发餐，不小心把一杯热咖啡洒在了旅客的手上和衣服上，你该怎么办？

2. 一位旅客起身正要去上卫生间，突然晕倒在你面前，你该如何处理？

3. 旅客在进餐时，不小心被坚果卡住，呼吸困难，你该如何救助？

4. 你可以为晕机的旅客提供什么样的帮助？

5. 旅客突然流鼻血，该如何处理？